U0113737

刘未鸣

段敏 主编

# 文苑逸闻

中国文史出版社

**图书在版编目（CIP）数据**

文苑逸闻／刘未鸣，段敏主编 . -- 北
京：中国文史出版社，2020.11
（纵横精华 . 第七辑）
ISBN 978 - 7 - 5205 - 2581 - 7

Ⅰ. ①文… Ⅱ. ①刘… ②段… Ⅲ. ①人物 - 生平事
迹 - 中国 - 近现代 Ⅳ. ①K820.5

中国版本图书馆 CIP 数据核字（2020）第 228852 号

责任编辑：胡福星

出版发行　**中国文史出版社**
社　　址：北京市海淀区西八里庄路 69 号　　邮编：100142
电　　话：010 - 81136606　81136602　81136603　81136605（发行部）
传　　真：010 - 81136655
印　　装：北京新华印刷有限公司
经　　销：全国新华书店
开　　本：787 × 1092　1/16
印　　张：12
字　　数：150 千字
版　　次：2021 年 2 月北京第 1 版
印　　次：2021 年 2 月第 1 次印刷
定　　价：42.00 元

## 《纵横精华》编辑委员会

主　编：刘未鸣　段　敏

执行主编：金　硕

编　委：全秋生　孙　裕
　　　　李军政　胡福星

# 出版说明

　　《纵横》杂志是全国第一份集中发表回忆文章的期刊，自 1983 年创刊以来，以"亲历、亲见、亲闻"为视角，如实记录和反映中国近现代史上的重大事件、人物故事及各地独特的历史文化与地方政协文史资料工作情况，以跨越时空的广阔视野，纵览百年历史风云，横观人生社会百态。曾荣膺中国出版政府奖期刊奖提名奖，在读者中具有广泛影响。

　　本套"纵横精华"系列丛书，是按主题将历年《纵横》杂志刊发的读者反响较好的文章结集。自 2018 年开始，已陆续出版了历史、文化、文学、艺术、情感、人文等二十余种主题图书。所收文章个别文字有所修订，其他均保持原貌。

　　因收录文章原发表时间较久远，未能联系到的作者，请与中国文史出版社联系，以便支付稿酬。

编　者

2020 年 12 月

# 目 录

# 张厚载与现代中国文坛第一公案

倪斯霆

　　1917 年 1 月，创刊已一年的《新青年》杂志在第二卷第五期刊出胡适的《文学改良刍议》，一个月后，第六期旋又推出陈独秀的《文学革命论》，中国现代史上影响深远的"文学革命"由此拉开序幕。

　　就在刊发《文学革命论》的同期刊物上，新文学阵营又一健将钱玄同在"通信"栏发表了致陈独秀信，除对该刊"改良文艺"表示钦佩外，更是情绪激昂地喊出了铲除"选学妖孽"与"桐城谬种"的口号，将矛头直指以林纾为首的复古派文人。在此后的一段时日，"选学妖孽"与"桐城谬种"几乎成了封建复古派文人的代名词，被新文学家们反复鞭挞。但令钱玄同等人始料不及的是，尽管声讨在加剧、咒骂在升级，以林纾为首的旧文学营垒却始终不起来应战。对此郑振铎多年之后曾有过这样的描写："他们（旧文人）始而漠然无所睹；继而鄙夷若不屑与辩……他们（新文学家）便好像是尽在空中挥拳，不能不有寂寞之感。"情急之下，《新青年》两位编委合演的一出"引蛇出洞"的"双簧戏"登场了。

1918 年 3 月，钱玄同化名"王敬轩"在《新青年》第四卷第三号的"文学革命之反响"一栏，刊出《王敬轩君来信》和刘半农的《复王敬轩信》。前者总括了复古派文人的观点，历数提倡新文学者的罪状，并加以讽刺与谩骂；而后者则对前文进行逐段批驳和反击。随后，钱玄同又以"崇拜王敬轩者"为名致陈独秀书，讨论学理之自由权，并由陈独秀复信作答。由此造成两派针锋相对的"笔仗"局面。此招果然奏效，首先是一位署名"戴主一"者，以《驳王敬轩之反动》一文为"桐城谬种"之代表曾国藩平反，对《新青年》的编者进行质问与责难。在遭到反击后，当时被称为桐城派古文家"殿军"的林纾跳了出来。在其文章连续遭到新文学家们的驳斥后，恼羞成怒的林纾便于 1919 年二三月间，连续抛出恶意诅咒新文学家的小说《荆生》与《妖梦》。

新文学发展史上的第一桩公案由此形成。

林纾这两篇在现代文学史上"臭名昭著"的小说的出现，是与一个人的鼓动与奔走密切相关，此人便是在当年虽头角崭露但经此公案而"罹难"，从此在现代文坛缄声无闻的张厚载。

一

关于张厚载的生平，我们今天所知不多。从他"五四"前夕被北京大学开除时，仅差两个多月即毕业这一时间推断，他大约出生于 19 世纪的最后几年，原籍江苏青浦，小学毕业后随父母迁居北京；曾入林纾任汉文总教习的五城中学堂学习，对林氏古文钦佩有加，课余时常请教，被林收为入室弟子。

五城中学堂是由晚清政府官办的一所中等学堂，即今北京师范大学附属中学的前身。从其当年开设的课程已有汉文、英文、算学、物理、化学、历史、地理等科去看，它与今天的一般中学别无二致，可见其在当年是属于得风气之先的现代学堂。但这种"现代"并没有使张厚载成为日后具有新文化思想的现代青年，相反，与林纾亲近的结果，使他完全继承了林氏学说，成为一个彻底的"国粹"派，不但对中国的古典文化深谙于心，而且对中国的传统戏曲更是达到痴迷的程度。对此其晚年在回忆自己一生时，曾言"余少时夙有剧癖，观后必记其剧目，多以述评。"这种"述评"见诸报端，始于1911年，其时他不过是一个十四五岁的后生小子。但由于所记所评均拔新领异、言之有物，当年北京的《亚细亚报》及《公言报》均以专栏形式刊出，颇受读者瞩目，被众多戏迷誉为中国最小的剧评家。

当时梅兰芳头角崭露，誉满京华，其俊美的扮相与婉转的歌喉无不使张厚载倾倒，每观梅剧，他都激动不已。随着一篇篇虽有捧角之嫌，但却见地不俗的评论文章的问世，他成为当年鼓吹梅兰芳的第一人，并一跃而为所谓"梅党"的中坚人物。他在写这些剧评时，为自己取了一个极怪的笔名——张豂子。据他自己解释，"豂"字读音如"聊"，意指深谷。由于此字极为陌生，不在现代习用字之列，故拿到其名片的人，大多不知该如何称呼。晚年他因笔名常闹误会，再写文章时便署上与"豂子"谐音的"聊止"。

1915年，张厚载从五城中学堂毕业后，直接考入了创办不久但声誉颇著的北京大学法科政治系。课余，他依旧在报纸上开专栏写剧评，引起北大校长蔡元培的注意。

二

1918年6月，《新青年》第四卷第六期"通信"栏刊载了五篇讨论中国戏曲与新文学问题的文章。在执笔者中，前四位是当年倡导新文学的风云人物胡适、陈独秀、刘半农、钱玄同，而第五人就是张厚载。

《新青年》的编者不惜拿出大量篇幅刊载关于中国旧戏问题的讨论，四位编委肯屈尊与一位拥戴林纾之学且初出茅庐的后生小子"同日而语"，绝非一时动议，是有一定背景的。在此之前的 1917 年 5 月，胡适曾在其《历史的文学观念论》一文中提及："昆曲卒至废绝，而今之俗剧乃起而代之。"此话本来不错，但毛病出在他自己在"俗剧"下又加注一句"吾徽之徽调与今日之京调高腔皆是也"。其实高腔即弋阳腔，它和昆曲一样，早被所谓"俗剧"所取代，因此高腔代替昆曲之说便不能成立。张厚载便据此写文向胡老师指出这一点。然而胡适却强辩说："我所说的高腔，是指四川的高腔，不是指弋阳腔的高腔。"随后，刘半农、钱玄同等又纷纷起而作答，相互帮衬，指责中国旧戏种种弊端，硬说"京戏完全废唱而归于说白"是可能的，并发表文章，对中国戏曲进行了全盘否定。这便不得不引起当时一些剧评家的不满。于是，他们纷纷撰文指责对方。针对此种局面，《新青年》几位编委决定在 1918 年 6 月 15 日出版的第四卷第六号刊物上与张厚载展开关于旧戏与新文学的讨论，便非偶然了。

在这期刊物上，张厚载发表了《新文学与中国旧戏》一文，在肯定文学改良必然会对中国社会带来裨益后，又对京剧的表现形式与欣赏价值做了进一步的肯定。胡适为此文写了跋语，认为"缪子君以评戏见称于时，为研究通俗文学之一人，其赞成本社改良文学之主张，固意中事"，并对其文进行了评骘。同时钱玄同也写了跋语，不知何故，他对张文此次并未采取"打鸡骂娘"式的诟骂，而是对金圣叹腰斩《水浒传》提出批评："金圣叹用迂谬的思想去批《水浒》、用肉麻的思想去批《西厢》，满纸'胡说八道'，我看了实在替他难过。玄同虽不学，然在本志上发表之文章，似乎尚不至与金氏取'同一之论调'。"此段文字的"弦外之音"已不言而喻。此时钱玄同对胡适在新文学运动中的动摇、软弱已是相当不满，二人在一些问题上的分歧也显而易见，只不过同为《新青年》编委，都不愿将此矛盾过早暴露罢了。

令钱玄同想不到的是，这种"谦让"并未维持多久，就在他二人为张厚载之文写跋月余，1918 年 7 月，在胡适负责执编的《新青年》第五卷第一号上，胡适竟专断地转载了复古派文人汪懋祖发表于《国学季刊》上一封给胡适的信，此信已将矛头直指钱玄同："文也者，含有无上美感之作用，贵报方事革新而大阐扬之；开卷一读，乃如村妪泼骂，似不容人以讨论者，其何以折服人心……贵报固以提倡新文学自任者，似不宜以'妖孽'、'恶魔'等名词输入青年之脑筋，以长其暴戾之习也。"由于此信甚合胡适之主张，故胡适将自己的回信也刊之于后：

　　来书说，"两党讨论是非，各有其所持之理由。不务以真理争胜，而徒相目以妖，则是滔滔者妖满国中也。"又说本报"如村妪泼骂，似不容人以讨论者，其何以折服人心？"此种诤言，具见足下之爱本报，故肯进此忠告。从前我在美国时，也曾写信与独秀先生，提及此理。那时独秀先生答书说文学革命一事，是"天经地义"不容更有异义。我如今想来，这话似乎太偏执了，我主张欢迎反对的言论，并非我不信文学革命是"天经地义"……舆论家的手段，全在"用明白的文字、充足的理由、诚恳的精神"，要使那些反对我们的人不能不取消他们的"天经地义"，来信仰我们的"天经地义"。所以本报将来的政策：主张尽管趋于极端，议论定须平心静气。一切有理由的反对，本报一定欢迎，决不致"不容人以讨论"。

在这里，胡适已经对钱玄同"打鸡骂娘"式的"村妪泼骂"进行公开的指摘。

面对胡适的公开叫板，钱玄同也不再绕弯子，他要公开应战了。同年 8 月，《新青年》第五卷第二号刊出了刘半农所写《今日所谓剧评家》一文，对以张厚载为代表的写剧评之人进行了嘲讽。钱玄同于同期刊物上，以刘半农之文为引子，写出了公开与胡适唱反调的文字：

中国的戏，本来算不得什么东西。我常说，这不过是《周礼》里"方相氏"的变相罢了，与文艺美术，不但是相去甚远，简直是"南辕北辙"，若以此为我辈所谓"通俗文学"，则无异"指鹿为马"。适之前次答张傻子（引者注，指张厚载）信中，有"君以评戏见称于时，为研究通俗文学之一人；其赞成本社改良文学之主张，固意中事"。这几句话，我与适之的意见却有点相反。我们做《新青年》的文章，是给纯洁青年看的，决不求此辈"赞成"。此辈原欲保存"脸谱"，保存"对唱""乱打"等"百兽率舞"的怪相，一天到晚，什么"老谭"、"梅郎"的说个不停。听见人家讲了一句戏剧要改良，于是断断致辩，说"废唱而归于说白，乃绝对的不可能"，什么"脸谱分别甚精，隐寓褒贬"，此实与一班非做奴才不可的遗老要保存发辫、不拿女人当人的贱丈夫要保存小脚，同是一种心理。简单说明之，即必须保存野蛮人之品物，断不肯进化为文明人而已。

并言明《新青年》如若再刊发张厚载之文，其便脱离该刊物。

气本是由胡适而生，观点也与胡适相悖，但却将张厚载作为撒气筒，不但将张骂个狗血喷头，而且由学术争辩改为人身攻讦，咒骂不同意见者为"傻子"。

面对钱玄同的咒骂，作为后生小子的张厚载虽心有怨言，但并未与之冲突，仍是以讨论的态度写文章阐明个人看法。他针对钱玄同丑诋京剧"脸谱"的言论，于《新青年》第五卷第四号发表了《"脸谱"——"打把子"》一文，再次从欣赏的角度对京剧进行鼓吹。

对于张厚载的"执迷不悟"，《新青年》另一位编委刘半农于1918年10月出版的《新青年》第五卷第五号发表了《"作揖主义"》，对张厚载进行了不点名的嘲讽与挖苦：

> 第四五位客，是一位北京的评剧家，和一位上海的评剧家，手携着手同来的。没有见面，便听见一阵"梅郎""老谭"的声音。见了面，北京的评剧家说："打把子有古代战术的遗意，脸谱是画在脸孔上的图案；所以旧戏是中国文学美术的结晶体。"上海的评剧家说："这话说得不错呀！我们中国人，何必要看外国戏，中国戏自有好处，何必去学什么外国戏？你看这篇文章，就是这一位方家所赏识的；外国戏里，也有这样的好处么？"他说到"方家"二字，翘了一个大拇指，指着北京的评剧家；随手拿出一张《公言报》，递给我看，我一看那篇文章，题目是《佳哉梦也》四个字，我急忙向两人各个作了一个揖，说："两位老先生说的话，很对很对。领教了，再会吧。"

刘半农此文虽未点名，但那个"北京评剧家"便是张厚载则一目了然。此文正话反说，对张厚载的嘲讽与揶揄实在妙极。纵使人微言轻，也要把理说个明白。面对新文学家的群起攻之，张厚载也急了。既然《新青年》编委都在口诛笔伐，且已不再刊登其稿，他只能将满腹怨言与学术论点写成《对于〈新青年〉之批评》一文，寄往上海《时事新报》的"学灯"版，此文发表时已是1918年11月27日。

至此，胡适、钱玄同、刘半农等与张厚载之间关于中国旧戏问题的争辩已由初期的学术讨论演变为互相指谪与对骂。善于人事周旋且机敏过人的胡适，此时已感到同为新文学阵营中人，越在此时越要相互帮衬，而不应内讧，故在 1919 年 2 月 20 日写信给钱玄同，对张厚载问题，再次为自己辩解：

> 至于老兄以为若我看得起张缪子，老兄便要脱离《新青年》，也未免太生气了。我以为这个人也受了多做日报文字和少年得意的流毒，故我颇想搭救他，使他转为吾辈所用。若他真不可救，我也只好听他，也决不痛骂他的。我请他做文章，也不过是替我自己找做文章的材料。我以为这种材料，无论如何，总比凭空闭户造出一个王敬轩的材料要值得辩论些。老兄肯造王敬轩，却不许我找张缪子做文章，未免太不公了。老兄请想想我这话对不对——我说到这里，又想起老兄是个多疑的人，或者又疑我有意"挖苦"。其实我的意思只要大家说个明明白白，不要使人们内部有意见就是了。

从此文字里行间不难发现，胡适那巧言善变的学风与圆滑老到的为人。与胡适的躲闪摇摆相反，钱玄同的回信态度要果决、彻底得多：

> 至于张厚载，则吾期期以为他的文章实在不足以污我《新青年》（如其通信，却是可以）；并且我还要奉劝老兄一句话：老兄对于中国旧戏，很可以拿他和林琴南的文章、南社的诗一样看待。老兄的思想，我原是很佩服的，然而我却有一点不以为然之处：即对于千年积腐的旧社会，未免太同他周旋了。平日对外的议论，很该旗帜鲜明，不必和那些腐臭的人去周旋，老兄可知道外面骂胡适之的人很多吗？你无论如何敷衍他们，他们还是很骂你，又何必低首下心，去受他们的气呢？

其实通过以上争论，已不难看出，在当时社会背景下，作为以张厚载为代表的旧派文人，已不是也不可能是新文学家们的劲敌。尽管他们也有自己的阵地去发表自己的见解，但与汹涌澎湃的新文学运动相比，他们显得人微言轻。新文学家将他们作为攻击对象，诚如胡适所言，"也不过是替我自己找做文章的材料"而已。否则，他们便不会凭空虚造出一个"王敬轩"了。倒是在新文学阵营内部，争论乃至斗争却是尖锐的。尤其在钱玄同与胡适之间，由于他们对于"文学革命"的理解不同，必然造成语言与文章的差异，双方都为了说服对方，便纷纷找出实例来大做文章。作为当时社会确实存在的言论，张厚载便成为他们的"实例"，出现在他们的笔下。但无论胡、钱分歧多大，争论多凶，否定张厚载却是他们的共同，尽管一方言辞激烈高亢，一方却是打打拉拉。

夹在两个风云人物之间推来搡去，张厚载非但未将自己的观点讲清讲明讲透，反倒落了个众人皆骂的臭名。

## 三

1919 年 2 月，张厚载以"半谷"为笔名在《神州日报》的"学海要闻"专栏发表通信，造谣陈独秀、胡适、陶履恭、刘半农等四人被北京大学驱逐出校并被政府通缉，其中陈独秀已逃到天津云云。此文一山，人们颇感震惊，在北京大学及京沪两地思想文化界造成了极大混乱。至于张厚载撰写此文是否受到林纾指使，因至今尚未发现当事人的回忆，目前已很难考核其细节。或许真的是受林纾的教唆；或许是新文学家的屡次责骂使他气愤至极故而孤注一掷；也或许是二者兼而有之。但考证这些今天已并不重要，重要的是他确实干了此事。此事无论是在蔡元培还是胡适的心中都不免留下了阴影，以致在此事同时或者随后发生的事件中，终于使他们忍无可忍，将张厚载赶出北大之门。

如果张厚载能从此事中吸取教训，痛改前非，从此埋头学业，或许其结局要比后来的事实圆满得多。因为胸怀极广的蔡元培校长在给他严重警告之时尚没有对其采取进一步处分的想法。但不幸的是，张厚载并未以此为戒，反而与林纾联系更密，并最终搅入了林纾恶意诅咒新文学家这桩现代文坛第一公案之中。

新文学运动的发起者们在讨伐古文学家时，矛头是指向该派的总后台林纾的，"桐城谬种"与"选学妖孽"的帽子也是戴给林琴南的。他们对张厚载的责骂与非难，其实也是在激林纾之火，让其跳到前台接受批判。然而，老谋深算的林纾起初并未应战，他初而视新文学家们的言论如春鸟秋虫之语；继而推出弟子们起来反攻；在遭到迎头痛击后，他老先生终于按捺不住，跳出来亲自还击了。他继一年前所写《论古文之不当废》《论古文白话文之相消长》两文后，犹觉骨鲠在喉，特别是看到钱玄同与刘半农合演的"双簧戏"后，更是恶从心头生。他便于1919 年 2 月初，写出了一篇极具威胁性的小说《荆生》。

恰在此时，张厚载找上门来了。

原来张厚载虽为北大法科学生，此时已在社会上多家报馆兼职写通讯。当时对国内外政治文化新闻极为敏感的上海《新申报》自新文学运动勃兴之时，便密切注意，此时看到新旧双方已然接上火，认为新闻由头已到，于是便通过关系聘请北大学生张厚载为特约通讯员，并让其在京为该报组稿，言明新旧两派文章均要。得此"要差"，张厚载自然一步便跨进了林纾寓所。正为《荆生》找发表报刊的林纾闻言正中下怀，于是便将一批言论连同小说《荆生》一并交张转寄上海。

1919 年 2 月 17 日至 18 日，上海《新申报》为林纾所辟专栏《蠡叟丛谈》在第 34—35 篇刊出了小说《荆生》。该文以田其美、金心异、狄莫三人分别影射陈独秀、钱玄同与胡适，写此三人在陶然亭边饮酒边攻击古文，大谈白话文。他们的言论触怒了一窗之隔的伟丈夫荆生，三人在遭到荆生的责骂痛打后，狼狈逃下山去。

此文一出，学界大哗。尤其在北京大学，从校长蔡元培到钱玄同、胡适、李大钊诸教授，无不愤慨异常，纷纷撰文予以回击。其中尤以李大钊于3月9日刊于《每周评论》上的《新旧思潮之激战》最为出名，此文"正告那些顽旧鬼祟，抱着腐败思想的人……总是隐在人家的背后，想抱着那位伟丈夫的大腿，拿强暴的势力压倒你们所反对的人，替你们出出气，或是作篇鬼话妄想的小说快快口，造段谣言宽宽心，那真是极无聊的举动。须知中国今日如果有真正觉醒的青年，断不怕你们那伟丈夫的摧残；你们的伟丈夫，也断不能摧残这些青年的精神。"

面对新文学家的反击，林纾恼羞成怒，随即再写小说《妖梦》。此次他不骂金心异（钱玄同），而是玩弄"擒贼先擒王"的手法，骂的是白话学堂校长元绪（蔡元培）、教务长田恒（陈独秀）、副教务长秦二世（胡适）。说他们在阴间提倡白话文，被一个阎罗王吃掉，"食已大下，积粪如丘，臭不可近"。然而此文写出并由张厚载转往上海后，林纾亦觉心虚，于是他一方面故作正人君子赶写阐明自己学术主张的《致蔡鹤卿书》，以"王敬轩"给《新青年》编者信的形式向北京大学校长蔡元培发表公开信；另一方面急函张厚载，通知《新申报》停发此文。但终因时间不及，当张厚载的急电传到上海时，此文已白纸黑字地公诸报端了。

1919年3月18日至22日，上海《新申报》在《蠡叟丛谈》第44—46篇上，连续刊出了《妖梦》。就在此文见报当天，北京《公言报》也刊出了林纾《致蔡鹤卿书》。面对林纾的公然侮辱与叫板，蔡元培终于忍耐不住，于当天撰写了《答林君琴南函》，刊在三天后出版的《北京大学日刊》上，并将林文附录于后。文章对林纾的言论逐一批驳，态度坚决，言之凿凿。并在此前 3 月 19 日的《北京大学日刊》上刊出《蔡校长致神州日报记者函》，针对 2 月以来张厚载在报纸上的造谣进行批驳："半谷通信中所谓陈独秀、胡适、陶履恭、刘复以思想激烈，受政府干涉等等，纯属谣言。"

看到蔡校长对林纾与自己的批驳，张厚载坐不住了，他已预感到自己将要大祸临头。于是他急急上书蔡元培，自行检举，承认林纾两文均是应他之约并由他寄往上海《新申报》的，并愿承担一切责任且接受处分。

爱才心切且奉行兼容并包政策的蔡元培虽对张厚载异常恼火，但虑其年轻并人少才高，在回信中虽切责其言行不能爱师爱校，但信末仍有"往者不可追，望此后注意"之言，似乎尚无进一步惩罚之意。但学校评议会却认为，张厚载的言行已构成对学校肆意诽谤损坏校誉之罪，遂作出决定将其开除学籍，赶出北大。

此时张厚载仅差两个月即毕业，听到此信，如五雷轰顶，他急忙面见蔡元培，请求减免惩处。蔡元培虽对他心怀恻隐，但学校评议会的决定又不便更改，于是便让他去找评议会负责人胡适。胡博士对此青年早就领教过了，对其近年言行自然"心中有数"，于是又将他推回校长处。据张厚载晚年回忆，当时全班同学集体替他请愿，在未获通过的情况下，他又通过师长求到当时教育总长傅沆叔名下，傅为此曾向北大写信，也未奏效。此时他看到处罚决定上有"在沪报通讯，损坏校誉"之言，遂函请《新申报》出面为之辩护，并列举其所作通讯篇目，证明没有一个字构成"损坏校誉"之罪，结果仍然没能免除处分。

几天后，《北京大学日刊》发出了"北京大学布告"，在列举了张厚载数则过错后，宣布"依大学规程第六章第 46 条第 1 项，令其退学"。哀其不幸、痛其不悟的蔡元培此时也是心情复杂，在其离校之际，再次将他叫到校长室，交给他一页成绩证明书，叫他立即赶往天津，去北洋大学报到，并告诉他已与该校联系好，办妥转学手续后，仍可在本学期毕业。然而事已至此，张厚载已是万念俱灰，他在谢别蔡校长，悻悻与同窗话别后，便依依不舍地离开了北大，来到天津。但他没去北洋大学，而是隐居市井，过起了闲人生活。

对于张厚载的结局，林纾也是无能为力，只能在他的文集中再添一篇《送张生厚载出北大序》了。

就在张厚载离别北大不久，震惊中外的"五四"运动爆发了。也就是从此时起，新旧文学的论战也宣告结束，以鲁迅为代表的新文学家们以毋庸置疑的位置取代了林纾之流的复古文人，中国文学由此掀开了新的一页。

## 四

著名戏曲评论家许源来20世纪50年代初曾回忆，1921年其与胞兄许姬传同寓津门，往来友朋间，均为喜好戏曲之人。一日，在名伶韩慎先寓所夏山楼上，结识一青年。此人谈吐不俗，尤其对京剧更是谙熟于心，举凡当时活跃于京津舞台之名角，无不随口道来，如数家珍。许氏兄弟因感其意气相投，遂与之结为莫逆。

此青年便是落魄津门的张厚载。

离别北大，告别师友，张厚载孤身踏进津门。起初倚仗家中积蓄，尚能以闲人安身，整日混迹于文坛艺苑，与一批社会闻人往来应酬。

20年代的天津，是京剧艺术的全盛时期，举凡当时轰动国内的红伶名角，无不以天津为走红之地。当时梨园界流行一句话，叫作唱戏的没在天津登过台，走到哪儿也红不起来。欣逢此时的张厚载，早把烦恼抛在脑后，一门心思地看戏、评戏了。这一时期，他除了在天津《大公报》发表剧评外，还在北京的《星报》《北京晚报》开辟专栏，专门谈戏。可以说此时是他写戏评文章最多最勤也最见功力的时候。与此同时，他与恩师林琴南的交往仍在继续。在他晚年所出《歌舞春秋》一书中，曾有一段记叙此时与林纾共赏京剧的逸事。

但这种无忧无虑的日子并未过得太久。1925—1927 年的两年内，其双亲先后弃养，加上家庭生变，其在遭到几重打击后，忧伤憔悴，身心俱疲，只能以饥饿之躯定居天津，自谋职业，养家糊口。此时期，他除了以写剧评稿酬维持生活外，因别无他技，生活异常窘迫。

1926 年，广东人冯武越得姻亲张学良之助（冯妻为张学良夫人赵一荻之姐），在津创办《北洋画报》，聘日后成为著名社会言情小说家的刘云若一人做编辑，因刘也酷嗜戏曲，遂与张厚载相稔，对其困窘深表同情，在约其不时写些剧评之外，常请他在闲暇之时到报馆闲谈且帮忙编务，算是为他找了一份差事。

1928 年，张厚载终于觅到一份固定工作，经朋友之介，他任职于交通银行天津分行。这是一份既稳定又体面的工作，并且收入不菲，故张厚载对此十分看重。工作之余，他又兼任了《大公报》与《商报》的副刊编辑，除继续写剧评外，还在《东方时报》副刊"东方朔"写长篇连载《豹斑琐缀录》，一时吸引了津沽大量读者。

1936 年，因交通银行职员内部调整，他被调往上海总部工作。工作的调动，使他不得不辞去了报馆兼职，但他对戏曲的迷恋仍一如既往。就在他到上海的那年冬天，许姬传、许源来昆仲在上海设宴为其接风洗尘，当时沪上菊坛名伶叶玉虎、冯幼伟、周梅泉、沈昆三、梅兰芳、姚玉芙、程砚秋等悉数前来。友朋重见，热闹异常。席间，梅兰芳、程砚秋一时兴起，合唱《刺虎》片段，唱毕归座，众人兴犹未尽，于是强请张厚载一亮歌喉。由于他早年在京曾从老伶工王福寿学文武各剧，后在天津又从笛师徐惠如拍曲，故而唱得字正腔圆，声韵俱佳，引得众人闲箸凝听，击节相伴。迨至抗战爆发，他只身投军，奔走于香港、云南等地，至此中断了多年的剧评嗜好。

20世纪30年代末，他脱离军界回到了阔别几年的天津，在法租界恒安里隐居度日。此间虽也与一些遗老、名流过往，但从不随流从俗，始终不出来为日本人做事。据津门老报人吴云心先生回忆，这一时期，"他夫妻度日颇艰苦，每日饭一盂，辣椒炒白菜一碟而已。除夕买鸡一只，沽酒自饮以度春节，有诗云'只鸡斗酒强为欢'。"生活虽苦，其仍笔耕不辍。除了继续写一些剧评文章外，他还将早年在北京《亚细亚报》及《公言报》所发文章，结集为《听歌想影录》，交由天津书局出版。从此书书名便可看出，此时大批有气节的京剧演员因日军入侵而息影舞台，作为戏迷的他只能从录音唱片里"听歌"，于寂寞中去"想影"了。抗战胜利后，他重归交通银行天津分行工作。饱经沦陷区困苦生活的他，此时情绪高涨，兴奋异常。1947年在纪念交通银行建行40周年前夕，行内职工举行大联欢。据其当年同事李秩齐回忆："余演《失街亭》之孔明，缪子奋起为饰赵云。结束登场，起霸一幕，四座惊叹。退曰：'吾少壮时，屡演《借赵云》《回荆州》《长坂坡》诸剧，今老矣，固当演此老赵云也。'时传为佳话，虽伶工亦讶其身手矫捷也。"1948年，他再次被调往上海交通银行总部任职。此时正处于国民党在大陆节节败退之时，他整天闭居寓所，观剧评剧已成过眼烟云，只能在梦中一睹梨园盛景了。

新中国成立后，他将早年所写剧评文章分为上、下两篇，结集为《歌舞春秋》，于1951年7月由上海广益书局出版。此书由梅兰芳演出《霸王别姬》剧照为封面，并由梅兰芳题写书名，可见其对梅派艺术自始至终的喜爱程度。他曾收藏有大量已绝版的前辈艺人剧照，尤以梅兰芳为众，此时他也交由马彦祥转赠国家了。

晚年的张厚载患有严重肾病，据说每隔五分钟便要小溲一次。故其最后几年几乎足不出户，不得不与他酷爱一生的京剧艺术暌隔。

张厚载于 50 年代初期病故，其人身后凄凉，事迹也难免令人语焉不详了。

# 鲁迅致许广平书简和《两地书》

———
张小鼎

　　鲁迅一生除创作、翻译外，还写下了数目相当可观的信札，据大致统计约有 6000 封，现保存、收入人民文学出版社 1981 年版 16 卷本《鲁迅全集》中的就有 1400 余封。而其中鲁迅致许广平（景宋）的书简，虽数量有限，不足 80 封（即使加上经鲁迅修改或润色后编入《两地书》中的许广平书简，也仅只 140 多封），但却是鲁迅光华璀璨的书信宝库中的极其重要组成部分，是我们了解鲁迅生平、思想、创作，尤其是研究、探讨鲁迅与景宋心灵对话、情感发展的具有独特价值与意义的弥足珍贵的文献史料。现将有关情况和材料分别归纳、简介如下。

一

　　现存鲁迅致许广平书简共 79 封，除去 1926 年 9 月 23 日致许广平（即"H. M 兄"）信，曾以"厦门通信"为题发表于 1926 年厦门《波艇》月刊第一号，后又作为杂文收入《华盖集续编》外，其余 78 封书

简原信皆有手迹，并已全部影印。写信日期参见文物出版社 1980 年 6
月所出《鲁迅手稿全集·书信》第八册致许广平信"索引"。

## 二

《两地书》是鲁迅与景宋的通信集，收入 1925 年 3 月至 1929 年 6
月间两人相互的通信 135 封。其中鲁迅致许广平书简占 67 封半。当
1932 年，鲁迅在"杀人如草不闻声"的严重白色恐怖笼罩着的上海着
手整理、编排两人相互通信时，考虑到当时的政治环境等诸多因素，曾
对原信进行一些筛选并作了不少必要的增删和细致的加工与修改，经重
新抄定并撰写《序言》后，起名《两地书》于 1933 年 4 月由上海北新
书局以"青光书局"名义出版。书一问世，颇受欢迎，两月后即再版。
至 1937 年 3 月第五版印行时，始改为北新书局出版。此后数十年间，
在鲁迅著作出版史上具有里程碑意义的三种"全集"版本：即 1938 年
复社版 20 卷本《鲁迅全集》，1958 年人民文学出版社具有开创性的第
一部附有注释的十卷本《鲁迅全集》和最具权威性和影响力的 1981 年
人民文学出版社 16 卷本《鲁迅全集》，均主要以《两地书》形式，集
中收入鲁迅致许广平书信。

## 三

"文革"结束，进入新时期以来，鲁迅致许广平书信还曾以非《两
地书》的形式，编入 1981 年版《鲁迅全集》以外的另三种书中出版，
这就是：（1）《鲁迅致许广平书简》。此书系由鲁迅博物馆鲁迅研究室
编，河北人民出版社 1980 年 1 月初版。收入本书的 78 封书信，一律按
照原信手稿排印；倘有画图者，亦按原图绘制。（2）《鲁迅手稿全集·

书信》共八册，文物出版社 1978 年至 1980 年的 6 月先后分函出版。此书系由鲁迅博物馆和文物出版社共同组成的鲁迅手稿全集编辑委员会编辑，收鲁迅书信手稿约 1400 封，其中鲁迅致许广平书简的原信共 78 封，全部按写信日期先后为序编入。（3）《鲁迅景宋通信集——〈两地书〉的原信》，系湖南人民出版社 1984 年 6 月出版。书卷末有鲁迅之子海婴所作的"书后说明"。他在"说明"中不但阐述了鲁迅、许广平当年这些通信的重要价值和意义，而且强调现在出版时"没有删去一封、一段、一字，所要做的，就是将信稿的全貌，奉于读者眼前，并以此作为对母亲十五周年忌的纪念"。该书收鲁、许两人自 1925 年至 1932 年互通信札 164 封。正因为书信均据《两地书》中信的原稿刊排，所以异常真实地展示了信稿的原貌。以上这些书籍的出版为我们了解、研究鲁迅在近 70 年前编辑《两地书》过程中究竟怎样梳理、筛选、增删、修改自己致许广平的书信提供了既简捷方便又极有价值的第一手宝贵史料。

## 四

鲁迅致许广平现有手迹的 78 封书简，已分别以《两地书》和"书信"编入 1981 年版《鲁迅全集》第 11、第 12、第 13 三卷中。除鲁迅编定的《两地书》收入了 67 封半外，其余 10 封半被打散按年月顺序编入"书信"。

## 五

鲁迅与许广平的通信大致可分为四个阶段：

北京阶段（1925 年 3 月至 1926 年 8 月）；

厦门—广州阶段（1926 年 9 月至 1927 年 1 月）；

北平—上海（1）阶段（1929 年 5 月至 1929 年 6 月）；

北平—上海（2）阶段（1932 年 11 月）。

以此对照 1933 年 4 月上海青光书局出版的《两地书》可知，鲁迅在编辑该书时，将自己致许广平的信，于北京阶段删去三封半，写作日期依次为 250715（即 1925.7.15）、250716、260815 三封以及 250628 的前半封"训词"；又将北平—上海（2）阶段的 7 封全部删去，即 321113①，321113②，321115，321120①，321120②，331123，331126。而中间两阶段，即厦门—广州和北平—上海（2）阶段的信函则全部收入，只是在内容文字上有所增删和加工润色。

# 六

总的说来，《两地书》与《鲁迅景宋通信集》（即《两地书》的原信）相比较，修改、增删还是十分明显的。迫于当时政治环境和其他缘由，编辑出版时，鲁迅对原信不得不适当地做些润色修改乃至必要的增删，而对许广平的原信删改尤多。这里不妨略举两例以见一斑。例一：对 1925 年 4 月 6 日许广平来信，删有关《现代评论》的作者背景；删有关对钱玄同的评论；在比较土匪与丘八的一段中，删丘八何尝不是"发财主义"之后的一大段重要议论。例二：1925 年 4 月 10 日许广平函，对原信第一段、第二段、第四段、第六段均有较多删节改动，特别是第四段详述了对暗杀"乱臣贼子"的看法与建议；第六段涉及石评梅、陆晶清、冰心、庐隐等的议论文字虽很重要，但都统统删去。自然，原信基本照收或一字不改的也有，如许广平 1928 年 5 月 17 日致鲁迅函。而整封信删除不收的也有，如 1925 年 6 月 30 日许广平致鲁迅信等。限于篇幅，这里不再一一举例赘述。下面想重点谈谈鲁迅在编定

《两地书》时，对自己原信所作的几种修改删节方式。

# 七

鲁迅对自己原信的修改方式之一：将对收信人的戏称或亲昵称谓，如"林"兄、乖姑、小刺猬、小莲蓬、哥姑等一律删去而改为广平兄、H. M. D、H. D、D. H、D. H. M、D. L、ETO、H. M、D. S 等，书信落款原戏署 H. M（即"害马"）或小白象、你的小白象以及"象"的各种变换图形等均分别改署 L. S、EL、ELEF（系德语"象"——Elefant 的缩写）、L 等，使感情色彩由浓烈转为含蓄。

# 八

鲁迅对自己原信的修改方式之二：将信中涉及的一些"名人"和实指对象予以更改或以"□□"替代。例如顾颉刚改为朱山根，黄坚改为白果，陈万里改为田千顷，潘家洵改为辛家本，陈乃乾改为田难干，周览（鲠生）以"□□（□□）"代替；开明书店以"□□书店"代替，郑振铎（西谛）改为 C. T；黎锦明改为乌文光；钱玄同改为金立因。至于"梁山泊"改为《三国志演义》等则属于比喻更加贴切、生动，另当别论。

# 九

鲁迅对自己原信的修改方式之三：将一些感情色彩异常鲜明、措辞尖锐的批评，进行了"冷处理"，尽量予以"淡化"。如：1929 年 5 月 22 日致许广平函，原信有"我照例从成仿吾一直骂到徐志摩，燕大是现代派信徒居多——大约因为冰心在此之故——给我一骂，很吃惊"这样一段话，编入《两地书》时删改为"照例说些成仿吾、徐志摩之类，听的人颇不少——不过也不是都为了来听讲演的"。又如：1926 年 9 月 30 日致许广平函，原信说顾颉刚"颇阴险"，批评林语堂、沈兼士对顾毫无警觉，"真可谓糊涂之至"，"呆得可怜"。而《两地书》定稿时，鲁迅将此段文字精心修改后，把"阴险""糊涂""可怜"等统统删去。

+

鲁迅对自己原信的修改方式之四：出于种种缘由，鲁迅直截了当地删去了原信的一些词句和段落而未留任何痕迹。例如：1929 年 5 月 26 日致许广平函，原信中谈到有关高长虹、谢冰心、韦丛芜等人的两段文字：（一）"丛芜因告诉我，长虹写给冰心情书，已阅三年，成一大捆。今年冰心结婚后，将该捆交给她的男人（引者按：指社会学家吴文藻），他于旅行时，随看随抛入海中，数日而毕云。"（二）"丛芜又指《冰块》之封面画告诉我云：'这是我的朋友画的，燕大女生……很要好……'"鲁迅在编辑《两地书》时，可能考虑到倘全文发表似不太相宜，因为这或多或少涉及他人的一些隐私，所以定稿时，索性将这两段文字不留任何一点痕迹地全部删去。又如：1929 年 5 月 25 日致许广平函，原信为七段，在《两地书》定稿时被删去三段：即删除原信的第四、五两段（关于"北新"与"开明"书店）及第二、七两段的大半，又将被删后的第二段与原第三段，合而为一，这样七段就变为四段了。再如：1929 年 5 月 17 日致许广平函，原信为七段，删去原信第三段（关于小白象），又将一些段落合并，这样《两地书》中此信最后就变成了五段。

## 十一

鲁迅对自己原信的修改方式之五：编定《两地书》时，根据当时环境和现实需要，加添一些新的材料，增写一些新的文字，用于充实和丰富原信的思想内涵和社会内容。例如：1929 年 6 月 1 日致许广平函，原信在谈到自己的"坏脾气"后说："此后仍当四面八方地闹呢，还是暂且静静，作一部冷静的专门的书呢，倒是一个问题。好在我们就要见面了，那时再谈。"编入《两地书》时，此处添加了二百余字的一大段："我想，应该一声不响，来编《中国字体变迁史》或《中国文学史》了。然而哪里去呢？在上海，创造社中人一面宣传我怎样有钱、喝酒，一面又用《东京通信》（按：指郭沫若化名杜荃所写《文艺战线上的封建余孽》一文）诬栽我有杀戮青年的主张，这简直是要谋害我的生命，住不得了。北京本来还可住，图书馆里的旧书也还多，但因历史关系，有些人必有奉送饭碗之举，而在别一些人即怀来抢饭碗之疑，在瓜田中，可以不纳履，而要使人信为永不纳履是难的，除非赶紧走远。D. H，你看我们到哪里去呢？我们还是隐姓埋名，到什么小村里去，一声也不响，大家玩玩罢。"

## 十二

关于鲁迅修改、增删自己致许广平原信的方式很多，限于版面篇幅，以上仅举数例，可见一斑。总的说来，对原信进行润色、修改、增删后出版的《两地书》，文字更精练、更准确，书信内容多针对现实，更具有社会意义；而涉及鲁迅、景宋两人感情世界和内心深层活动的那些真挚、热烈、坦率的文字或被一一删去，或被修改得委婉、含蓄。而鲁迅致许广平原信在表现鲁迅、景宋两人感情的交流、发展以及鲁迅的独特个性、心理活动等方面是非常生动传神，细致入微的。不妨再举一例：1929 年 6 月 1 日致许广平"小莲蓬而小刺猬"信的第四段："小刺猬，我们之相处，实有深因，它们以它们自己的心，来相窥探猜测，哪里会明白呢。我到这里一看，更确知我们之并不渺小。"当收入《两地书》时就被删去了。类似这样被删除的不胜枚举，对于热爱鲁迅先生的广大读者来说，实在非常可惜。

# 金丁人生鲁迅缘

汪乔英　　汪雅梅

　　我们的父亲汪金丁，笔名金丁，生前任中国人民大学中文系教授、现代文学教研室主任。他在年轻时受新文学运动影响，爱好文学创作，经与丁玲通信，介绍结识了由河南到北平的师陀（芦焚），1932 年春与好友徐盈及师陀在北平合办了一个文学刊物《尖锐》。他把发表他们作品的这一刊物寄给一向景仰的鲁迅先生，不久就读到了发表在中国左翼作家联盟机关刊《文学月报》上署名 J·K（瞿秋白）的评论文章《再论翻译——答鲁迅的信》，文中说："新近有一位金丁，我看过他的一篇小说《孩子们》，这篇小说在文字语言上说起来，的确可以算得是好的，总之，这篇小说证明他并不是不会写真正的白话文，但是我看见他另外一篇'创作'（《尖锐》杂志）却大不相同了。"在肯定金丁的作品后，又批评了他受翻译作品影响而使用欧化语言写作的倾向。金丁意识到作者是从鲁迅先生处看到《尖锐》的，自己引起了远在上海的鲁迅先生的关注，遂决意离开政治空气沉闷的故乡北京，去上海寻求革命义学道路。

1931 年 5 月，金丁曾单独去上海寻找中国左翼作家联盟，因在当时严重的白色恐怖下，有"第二党"之称的左联，其成员的住址都不公开，他人生地不熟，后来"九·一八"事变发生，爱国青年纷纷要求北上抗日，乃于当年 10 月匆匆返回北平。这一次，金丁因被追捕避居在浙江慈溪会馆，遂与浙籍的徐枭和冯定结伴，于 1932 年秋又到了上海。金丁通过"左翼剧联"的赵铭彝找到了周起应（周扬），并即参加了左联，为创作委员会成员。这年 12 月，他终于第一次见到了慕名已久的导师鲁迅先生。

11 月间鲁迅先生赴北平探望母病并处理家务，曾应邀到五所大学作著名的"北平五讲"。鲁迅先生于月底返沪后，参与讲演活动的徐盈把几次讲演的照片寄给金丁转交。金丁在日本友人内山完造开设的内山书店中，把照片亲手交给了鲁迅先生。先生兴奋地讲述了一些讲演的盛况，批评报纸登出的讲演内容有许多错误，并说要把照片交给冯雪峰拿出去发表。同时，又问金丁是否认识北师大的北平左联盟员王志之，嘱金丁把左联创作委员会收到的盟员稿件，供给邀请讲演时认识的王志之等人编的《文学杂志》。金丁经先生同意，即寄去了张天翼写的《自传》。不久，鲁迅先生讲演的照片在施蛰存编的《现代》杂志上发表了。鲁迅先生在北师大讲演的一张，因听讲的人多，从室内移到大操场，先生站在方桌上迎着寒风慷慨陈词的风姿流传至今，已成为一座永远迸发历史光辉永不磨灭的雕像。

金丁后来被选为左联执委。1933 年初在汉口路附近一座耶稣教堂里举行的一次执委会上，平时很少参加左联会议的鲁迅先生，这次也出席了。会上大家首先起立以茶代酒，举杯祝贺茅盾巨作《子夜》正式出版，然后请鲁迅先生讲话。先生着重讲了扩大文学阵线、发现和培养新人的重要意义。金丁参加了这次 11 个人的秘密会议。他不止一次亲身感染到鲁迅、茅盾、丁玲等文学泰斗们的博雅，尤其是受鲁迅先生耳提面命，使他获益良多。

在几次接触鲁迅先生中，金丁感到先生平易近人，胸怀坦荡，对后学循循善诱，谈话可以毫无拘束，使人如坐春风。

然而，鲁迅先生的原则性也是很坚定的。1933 年春，曾在莫斯科中山大学学习的冯定（笔名贝叶，新中国成立后任中央马列主义学院一分院副院长、北大副校长）翻译了一本描写海军生活的苏联小说，托金丁去求鲁迅先生写篇序言。金丁当面交给鲁迅先生看过数天后，先生对金丁说译文文笔不错，还应附一篇作者小传为好，他再写序言也可结合起来。金丁再去问冯定时，冯定说原作者情况不详，书店要求必须有鲁迅的序言才肯出版。金丁又把这些话转告鲁迅先生，先生听后沉默了一会儿，说："那再说吧。"过了几天，金丁就接到鲁迅先生托施蛰存退回的译稿和给金丁的一封信。信中说：对于商人不必曲意逢迎，序言决定不写了。《鲁迅日记》1933 年 4 月 7 日记"寄金丁信"，就是指这件事。不了解作者背景决不肯盲目鼓吹，为单纯商业利益驱动更不肯屈从，鲁迅先生通过这件小事树立了一个光辉的榜样。

1933 年 7 月金丁调地下党领导的革命群众组织上海反帝大同盟工作期间，不幸被国民党特务以寻衅打架的方式，从马路租界一侧诱至华界一侧逮捕，送往南京审讯后转苏州监狱和反省院，一关就近四年，直到 1937 年初释放政治犯才得以出狱。金丁入狱之初的 1933 年 8 月，他以在受审时耳闻目睹和身受的法西斯暴行为题材，创作了一篇小说《两种人》，寄给我们的母亲吴伟南投《现代》杂志。由于担心刊物怕受牵连不肯发表，金丁又抄一份寄给鲁迅先生，并附信说明自己的处境。这篇小说后来在 1937 年 10 月《现代》杂志发表。鲁迅先生写信并把一批左联盟员发表的作品寄给左联驻莫斯科的代表萧三，向"国际作家联盟"

推荐介绍，其中便有这一期的《现代》。这就是收在《鲁迅全集》中1933年11月24日鲁迅致萧三的一封信。信中说：

> ……《现代》和《文学》都是各派都收的刊物，其中的森堡，端先，沙汀，金丁，天翼，起应，伯奇，何谷天，白薇，东方未明——茅盾，彭家煌（已病故），是我们这边的。……

森堡即任钧，端先即夏衍，起应即周扬，伯奇是郑伯奇，何谷天是周文。事隔34年后，金丁才读到这封信时，不禁感慨万千，对自己被鲁迅先生引为"我们这边的"，感到莫大的欣慰；而自己当时身在狱中受到先生关怀，却未能见到先生逝世，参加为先生送行，又感到是终生的遗憾。

在20世纪30年代的上海，金丁接触过文艺界的许多人物，认识戏剧家章泯（解放后任北京电影学院院长）及他当时的女友蓝苹（江青），多年来对此一直守口如瓶。岂知"文化大革命"中祸从天降，造反派得知金丁追随鲁迅先生和他被捕入狱的经历后如获至宝，把金丁打成"出卖鲁迅的大叛徒"，揪斗抄家。当我们看到载有这一内容的传单满天飞，大字报也作为"最新消息"到处传抄时，真是感到又可气又可笑！众所周知，鲁迅先生一向公开发表文章和公开参加社会活动，在敌人的刀丛中横眉冷对，反动派对他看在眼里、恨在心里又奈何不得，何言"出卖"？又怎样"出卖"？在"四人帮"的策动下，"揪叛徒"到了狂热的程度，这是"文革"中与"四条汉子"一案同时发生的另一涉及鲁迅先生的冤案。这一莫须有的罪名不仅不能给金丁抹黑，反而证明了金丁与鲁迅先生的亲密关系。

"文革"后，这一诬蔑彻底破产，金丁也重返大学讲坛，并任全国政协委员。

　　早在上海沦陷后，金丁经党内李少石等同志同意，奔赴南洋参加抗日救亡活动。他作为"南来作家"，先后在新加坡《南洋商报》《南侨日报》及《风下》周刊等报刊发表过《怎样认识鲁迅先生》《抗战第三年纪念鲁迅》《鲁迅的思想》《怎样纪念鲁迅先生》《纪念先生要加紧团结》《鲁迅精神》《从纪念鲁迅联想起来》和《介绍〈野草〉》《孔乙己和吕纬甫》等一系列文章，在南洋早期介绍鲁迅和鲁迅作品有广泛的影响。在 1947 年 10 月新加坡各界代表数百人隆重热烈举行的"鲁迅逝世二十周年纪念大会"上，金丁担任了大会主席。

　　"文革"前金丁发表过《鲁迅的前期思想》《论阿 Q 与〈伤逝〉》《中国左翼文学运动的几个问题》等一系列有影响的文章，参与并主编了《中国现代文学史》；在教学中结合亲身经历和感受，对以鲁迅为旗帜的中国新文学运动、新文学作品与作家，进行实事求是而又有思想高度的介绍和深入的分析。在"文革"结束恢复教学不久，他又写了《对左翼文学运动的几点理解》等许多文章，正确评价中国共产党领导下的革命文学运动，揭露了"四人帮"歪曲鲁迅的行径，抵制了一股贬低鲁迅的错误思潮抬头。在为人处世方面，他不断教育和告诫我们：要永远向鲁迅先生学习。

# 谴责小说与清末上海文艺小报

又 太

鲁迅先生在《中国小说史略》中说："光绪庚子（1900 年），谴责小说之出特盛。盖嘉庆以来，虽屡平内乱（白莲教、太平天国、捻、回），亦屡挫于外敌（英、法、日本），细民暗昧，尚啜茗听平逆武功，有识者则翻然思改革，凭敌忾之心，呼维新与爱国，而于'富强'尤致意焉。戊戌政变既不成，越二年即庚子岁而有义和团之变，群乃知政府不足以图治，顿生掊击之意矣。其在小说，则揭发伏藏，显其弊恶，而于时政，严加纠弹，或更扩充，并及风俗。虽命意在于匡世，似与讽刺小说同伦，而辞气浮露，笔无藏锋，甚且过甚其词，以合时人嗜好，则其度量技术之相去亦远矣，故别谓之谴责小说。"

谴责小说的出现，同任何一种文艺现象产生一样，有着深刻的社会历史背景。如果说，资产阶级改良派发动的维新变法运动，是谴责小说赖以诞生的风云，那么，上海滩上日渐繁荣的清末文艺小报，则是谴责小说滋生的沃土。早在 1900 年庚子之前，即维新变法高涨之际，上海滩就不断地涌现出一批批市民文艺小报。

1896 年，李伯元主办的第一份文艺小报《指南报》在上海创刊。

1897 年 6 月，李伯元主编的又一份文艺小报《游戏报》在上海创刊。该报日出方形版四版，用连史纸单面印刷。广告与文字各半，以谐文、市井新闻及诗词剧评、灯谜为主。该报重印本发行告白说："以诙谐之笔，写游戏之文。遣词必新，命题皆偶，上自列邦政治，下逮风土人情。文则论辩、传记、碑志、歌颂、诗赋、词曲、演义、小唱之属，以及楹对、诗钟、灯虎、酒令之制，人则士农工贾、强弱老幼、远人逋客、匪徒奸宄、娼优下贱之俦，旁及神仙鬼怪之事，莫不描摹尽致，寓意劝惩，无义不搜，有体皆备。"《游戏报》的主要撰稿人，除李伯元外，还有欧阳巨元等。该报先后出版 5000 号，在晚清小报中很有名气。

1897 年 10 月，文艺小报《笑报》也在上海创刊，其版式与《游戏报》相近。11 月 7 日，《演义白话报》（一名《白话演义报》）也在上海创刊，它是与戊戌维新俱来的晚清白话文运动的产物。该报由章伯初、章仲和主编，社址设在上海四马路惠福里，除上海发行外，另在北京、天津、南京、杭州、重庆等 21 个城市设有外埠发售处。该报是用白话文编写的文艺小报，内容有新闻、笔记、小说等。

该报在创刊号刊有《白话报小引》一文云："如今东西洋各国四面进来，夺我的属地，占我的码头，他要通商就通商，他要立约就立约……我们中国人种种吃亏，不止一处，讲到这句话，便要气死。""中国人要想发愤立志，不吃人亏，必须讲究外洋情形、天下大势，必须看报；要想看报，必须从白话起头，方才明明白白。"

1897 年 11 月间，上海还出现了我国报纸最早的专页副刊——《消闲报》。它随上海《字林沪报》附出，日出毛边纸对开一大张，共四小版，随《字林沪报》免费送阅，不另售。内容有骈文、散文、新闻、诗词、小品等。新闻部分"上自国政，下及民情，以致白社青谈、青楼丽迹，无一不备"，多数是"希奇开笑，艳冶娱情"的"消闲"之作，以所谓"遣愁、排闷、醒睡、除烦"为目的。这一专页副刊由高太痴主编，撰稿人有吴趼人、周病鸳、陈蝶仙等。它曾四次改名：初名《消闲报》；后随《字林沪报》转与《同文沪报》，改称《同文清闲报》；1901年恢复《消闲报》原名，1903年再改为《消闲录》。

1898 年，由于光绪帝支持维新变法，更加推动了上海文艺小报的繁荣。该年 4 月，清政府邮局决定报纸可按"货样"标准纳费投寄，这样使得报纸邮费略低于普通信件，有助于小报发行。该年 6 月，光绪帝颁发"明定国是"上谕，宣布变法，民间报纸出版受到鼓励，使得文艺小报更趋繁荣。于是，1898 年 4 月，文艺小报《笑笑报》在上海创刊。6月，文艺小报《趣报》也在上海创刊。《趣报》日出一刊，由邹弢主编，是一份刊载趣味性文字的小报。每期首载散文一篇，次为新闻，末附诗词。新闻多关花月，题目间采偶语。每日随报附送连载小说《断肠碑》单页一张。由于该报曾用赠奖办法刺激发行，致使报纸日销量突破1 万份。1898 年 7 月，文艺小报《采风报》也在上海创刊。该报日出两版一小张，另附赠《海上繁华梦新书》单页一张，用红、黄、蓝、绿、白等各种彩色本纸印刷，每份四文钱。该刊由孙玉声、吴趼人主笔，自称以"风世"为目的，其中刊登的新闻与散文，时有对清廷的讽刺。

1900 年 4 月，《上海文社日报》又创刊于上海。这是李伯元创办的文学社团"海上文社"的机关报纸。该报日出一小张，油光纸单面印刷，内容分社说、社榜、社谈、谈薮、笔记、杂著、艺苑等。

从以上资料可以看出，从 1896 年到 1900 年前后，上海的文艺小报是多么的品类繁多。究其原因，这固然与资产阶级改良派的维新思潮有关，但是却也不能说与上海市民情趣需要以及文人墨客聚集于此无关。

正如鲁迅先生所说，谴责小说的作者，"则南亭亭长与我佛山人名最著"。所谓南亭亭长，即是李宝嘉，字伯元。所谓我佛山人，即是吴沃尧，字茧人，后改趼人。从前面本文的记叙中可以看出，李伯元、吴趼人都是上海清末文艺小报中的风云人物，他们二人或任主笔，创办报纸，或积极为小报撰稿著文，都是抨击腐朽清王朝的职业报人。

李伯元的代表作是《官场现形记》，由许多相对独立的短篇蝉联而成，全书共 60 回。小说通过塑造形形色色的官僚群象，历数了他们贪污腐败和媚外卖国的丑态，谴责了清政府的卑污腐朽。此外，李伯元还有《文明小史》《活地狱》《中国现在记》等长篇小说和不少弹词，大多是对封建社会末世的愤嫉鞭挞之作。李伯元的这些代表作，虽然先后在 1901 年到 1906 年写成，但作品的大多素材与构思是在 1900 年前后报馆工作之际酝酿而成的。吴趼人的代表作是《二十年目睹之怪现状》。小说带有作者自传性质，通过主人翁在 20 年间耳闻目见的无数社会现象，描绘了一幅清王朝行将就木的图卷。此外，吴趼人还有《九命奇冤》《恨海》《痛史》等作品，无论是写现实，还是写历史，都是愤世谴责之作。吴趼人除在上海办文艺小报外，还于 1904 年在湖北任《楚报》主编（该报为美国人所办），1906 年编过《月月小说》。

从小说本身的源流而言，无论是李伯元的《官场现形记》，还是吴趼人的《二十年目睹之怪现状》都继承了《儒林外史》的优秀现实主义传统，但就艺术技巧而言，都赶不上《儒林外史》，正如鲁迅先生在《中国小说史略》中品评的那样："然臆说颇多，难云实录，无自序所谓'含蓄蕴酿'之实，殊不足望文木老人后尘。况所搜罗，又仅'话柄'，联缀此等，以成类书；官场伎俩，本小异大同，汇为长篇即千篇一律。"（评李伯元《官场现形记》语）"惜描写失之张皇，时或伤于溢恶，言违真实，则感人之力顿微，终不过连篇'话柄'，仅是供闲散者谈笑之资而已"（评吴趼人《二十年目睹之怪现状》语）。鲁迅先生所指出的这些缺陷，正是一般报人写作的通病。新闻工作的繁忙，使报人的写作往往粗糙。报纸急于连载，迫使稿件下笔不够谨严。何况多产如李伯元、吴趼人等人呢？另外，以市井小民为读者对象的清末上海文艺小报，格调与情趣不可能太高，新闻纸的发行量迫使报人们经常运用夸张骇世之谈，借以取悦读者。但是却也正是这些小报的传媒作用，使李伯元、吴趼人"骤享大名"。

# 林语堂与 30 年代的《论语》半月刊

———

沈立行

　　1932 年 10 月在上海创刊问世的《论语》半月刊，内容新颖，一炮而红，创刊号不仅行销国内，而且还远销日本、英、美、香港和新加坡，颇得华侨的欢迎。《论语》提倡幽默、崇扬性灵，既有激昂绚丽，更有淡泊清雅，因此，一经问世，即博得广大读者的青睐。《论语》之后，这类风格的刊物多了起来，像上海的《人世间》《宇宙风》《万象》《紫罗兰》，直到敌伪时期的《古今》《杂志》《春秋》《天地》等等，都没有跳出《论语》的框框，只是其遗风续韵而已。

## 《论语》的诞生

　　20 世纪 30 年代初的上海文坛，有位阔少爷邵洵美，办了一家"时代图书杂志公司"，出版了不少刊物，像《新月》《诗刊》《金屋》《时代画报》《时代漫画》《十日谈》等等。"新月派"徐志摩死后，邵洵美就是继承人。但所出版的刊物中，除了与"新月派"有关的还有点诗的气息外，其余都很少有时代特色。

当时，林语堂从北方来到上海，编写《开明英文读本》发了财，就常和不少文友去邵洵美家饮茶聊天。常去的有李青崖、章克标、滕固、陶亢德等人，邵家就成为"文艺沙龙"了。他们说古论今，无所不谈。大家感到，多数报纸刊物，背后都有政治派系的津贴，能不能办一个自由自在、不受任何大人先生拘束的期刊呢？大家一致认为可以，完全具备条件，因邵洵美的"时代图书杂志公司"正当红火、如日中天，有进口的最先进的胶印设备，印刷质量一流，连赵家璧的"良友图书公司"一些书刊封面，也是委托"时代"代印的。以邵洵美的经济实力，再出一本期刊，不在话下。

大家讨论，刊物的名称叫《论语》，风格特色是倡导幽默闲适，抒发真实感情。编辑推定林语堂、李青崖、陶亢德担任。于是，经过一番准备后，1932 年 10 月，《论语》半月刊终于问世了。《论语》创办后，发掘了一批新人，像女作家苏青，她的第一篇文章《生男与育女》，就是被林语堂看中，在《论语》上发表的。又如写过长篇小说《鱼玄机》的苏州才子周大湀（即江上风），也是在《论语》上初露头角的。还有后来担任《论语》编辑的林达祖，更是经常投稿，并和邵洵美成为熟友。

## "论语"二字的由来

当林语堂等一批文友在邵洵美家确定要办一份杂志后，杂志叫什么名称，却多时未确定下来。但大家公认起刊名的原则应是：高雅而不庸俗、幽默而不说教。最后，还是章克标触动灵感，讲出了"论语"二字。大家听后，无不拍手叫好。

章克标自己写有文章，说明"论语"二字的由来，刊于 1986 年 12

月号香港的《读者良友杂志》上。文章说："《论语》半月刊创刊前，朋友们在邵洵美家里集合了好多次，时间都在晚上。为了给刊物定个适当的、既平凡而又易记住的名称，大家真是挖空心思。我心中思忖，那么就叫'林语堂'吧。众口嘈嘈之际，我忽然想起了'林语'两字发音相似的'论语'，心里想，不是大家在又论又议吗？有论有语，干脆就借用中国人全知道的孔夫子《论语》的书名来做我们刊物的名字，岂不是好。随口提出来之后，想不到大家一致欢呼，拍手叫好，刊物的名称就这样决定了。"

## "论语" 二字是谁的手迹?

《论语》封面的"论语"二字，到底为何人手笔？

林语堂、邵洵美这些人，对中国文化都是很有研究的。刊名即已确定，就一致认为，不用当时流行的艺术体，要用名家的书法。林语堂对郑孝胥的书法极为欣赏。郑字潇洒俊逸，确有古风。但郑孝胥当时已在关外当伪满洲国总理，不可能去叫郑来写刊名，也会引起政治问题。邵洵美想出了个两全其美的办法：在郑孝胥过去所写的文章中，找出"论""语"二字，分别制版，拼成刊名，不署写者姓名。大家相约，保守秘密，如有外人问起，都说是林语堂所写。于是，长期以来，大家一直认为《论语》刊名出自林语堂手笔，连邵洵美夫人盛佩玉也不知道。20 世纪 80 年代邵夫人写回忆录时，仍以为是林语堂的墨迹呢。此事是后来当《论语》编辑的林达祖透露出来的，事过境迁，自然就无所谓了。

## 提倡 "幽默"

"幽默"是英文"Humor"的译音。此词在《论语》提倡之前，并未挂在人们口头，深入人心。

在古汉语中，"幽默"的意思是"寂静无声"，例如"孔静幽默"，但文章中用得极少。现在挂在人们口头上的"幽默"，是《论语》首先从英文翻译而来的外来语。英文中的本意，是通过影射、讽喻、双关、诙谐等语法，批评生活中的各种现象。

怎样将"Humor"译成中文呢？当年有过一番争论。李青崖坚持既要音译，也要意译，主张译为"语妙"；而林语堂则认为音译为"幽默"最好。于是，这批文友纷纷在《论语》上写文章，注释对"Humor"一词译名的己见。后来这些争论文章，汇编成册，列入"论语丛书"，出了一本《幽默解》。争辩的结果，大家同意采用林语堂的"幽默"。但李青崖持保留意见，一直用"语妙"，后来当教授开课时，仍用"语妙"。可惜"幽默"一词，经《论语》提倡，早已深入人心，再也无法"语妙"了，李青崖为此颇为抱憾。

《论语》每期刊有林语堂的短文《我的话》，用的都是幽默的笔调。短文中说："人生在世，还不是有时笑笑人家，有时给人家笑笑。"他认为，"宇宙之大，苍蝇之微，信笔所至，随意成文"。林尽力讽刺孔孟、赞美老庄，以为"中国士大夫阶级的一般思想是，得意时重礼教，守法制，倾向儒家；失意时则主张放任自由，无为而治，倾向道家了"。又说："在朝派主张奉公守法，在野派则乐于革命。"林语堂的文笔流畅，隽永可诵，他编《论语》一年多所写的短文，汇集成一本《我的话》，作为"论语丛书"出版，一时供不应求，从此获得了"幽默大师"的雅号。

对于"幽默"，林语堂总结性地说过："幽默和悲壮、激昂等一样，是文学的要素。在诚恳、亲切、自然、近情的文风中，幽默不期而至。提倡幽默，倒不是要人写几篇幽默文章，而是叫文人行文时化板重为轻松，变铺张为亲切，使中国的散文从此近情。"

"幽默"对美术和漫画的影响也很大，这在《论语》中表现得淋漓尽致。《论语》的美术编辑是曹涵美。此公本是名家张正宇、张光宇的亲兄弟，只因从小过继给曹家，才不同姓。曹涵美每期都配合林语堂，使版面风趣诙谐。

## 性灵文学和"公安三袁"

《论语》在林语堂的思想影响下，不仅提倡"幽默"，还倡导幽默闲适的性灵文学，这是《论语》的又一个重要内容。

所谓性灵文学，是指"公安三袁"。明朝万历年间，湖北公安县有袁中道、袁宗道、袁宏道三兄弟，都是进士出身。兄弟中以袁宏道的成就较大，著有《袁中郎全集》，提倡性灵闲适。"三袁"主张摆脱儒教的束缚，过返璞归真的生活。他们强调性灵，崇尚自然，反对模拟古人，要求闲适真实。他们偏重老庄，倾向中庸。"三袁"的文章，大多是写品茗、赏花、吟风、弄月的士大夫闲情逸致的生活，创造一个宁静的空间，有时虽也写一些农民的疾苦，但那是极少的。林语堂在《论语》上全力提倡这种充满性灵闲适的生活和文章，劝人要相信老庄，万事中庸，无拘无束，自生自灭。当时正是"九·一八""一·二八"之后，日本加紧侵略中国，《论语》的论调就和时局显得格格不入。20世纪20年代和林语堂相处极好的鲁迅，此时就批评林为"脱离现实的超人"。林语堂还一向标榜"向外国人介绍中国文化，向中国人介绍外国文化"，自称"两脚踏东西文化，一心评宇宙文章"。鲁迅就批评林是"倚徒华洋之间，往来主奴之界的西崽仆欧面目"。鲁迅是多次力劝林语堂面对现实而遭拒绝后，才对林公开批判的。

林语堂除提倡"公安三袁"外，还竭力宣传陶渊明"采菊东篱下，悠然见南山"的隐士生活，称陶是古今中外第一高人。

林语堂后来就在性灵文学的闲适超然基础上，用英文写了一本《生活的艺术》，在美国畅销。书中要外国人做一个"伟大的都市隐士"，说什么"工作时一半要卖力，一半要偷懒"，"一切遵循中庸之道"，"闲适中有勤奋，热情中有懒散"，"穷不穷到没有饭吃，富不富到不要工作"。总之，把中国古代士大夫的隐居闲适生活都介绍给了外国人。

历史上并不十分有名的"公安三袁"及其性灵文学，经林语堂在《论语》上一捧，从此在中国十分走红。

## 《浮生六记》

至今流传的《浮生六记》，也属性灵派一类的文章，就是林语堂在《论语》上全力捧红的。

20 世纪 30 年代初，有一次林语堂在苏州逛旧书店，在一个地摊的乱纸堆里，翻出一本手写本《浮生六记》，著者沈三白。此书页页破烂，纸色霉黄，花几角钱就买了下来。仔细一看，竟然文笔流畅、写情真切，完全是货真价实的性灵文学。从书中看，作者是一个小书吏，生平不可考。成书的时间也不详，大概在清朝道光、咸丰年间。林语堂对书中主人的妻子芸娘，简直着迷、爱得发狂，说她是古今中外第一个完美无缺的女人。尤其对"闺房记趣"一记中所写的沧浪亭捉蛙和午夜时吃粥等情景，更加推崇，认为是最好的性灵文章。芸娘不仅对丈夫温柔体贴，而且竟然想将一名歌伎为夫娶纳为妾，林语堂认为这样的女人，实为少见。为了寻觅《浮生六记》中一些地点，林语堂痴心地泡在苏州一个时期，甚至考证出芸娘的墓地就在姑苏郊区福寿山，林竟去寻坟祭吊。但一个死于百年前的民间妇女的坟墓，如何觅得，自然只有怅然而返了。

《浮生六记》经《论语》一捧，顿时红得发紫，话剧、电影都上演了。林语堂还将它译成中英文对照本，在国内发行，销售一空。后来又译成英文版，在国外发行，也十分畅销。

林语堂对中国女性的钟情，不仅仅是对芸娘，对"怒沉百宝箱"的杜十娘，也认为是天下第一奇女子。林将杜十娘的故事译成英文，其译名就很幽默，叫作"Miss Tu"。

## 《论语》的结局

《论语》的编务，本来是由林语堂、李青崖分期负责的，由陶亢德为助编。一年不到，由于林语堂大讲幽默、性灵和闲适，成了"脱离现实的超人"，李青崖看不惯，就离开了。

1934 年春，林语堂自己也弃《论语》于不顾，另办《人世间》半月刊，不但自己走了，还带跑了陶亢德。1935 年，林更创办了《宇宙风》半月刊，大登陈独秀自传等文章，和《论语》唱对台戏。《论语》经林语堂如此背后一击，邵洵美乱了手脚。先是拉郁达夫来主编，但半年不到，郁即挂印而去。邵洵美没法，只能在积极投稿的文友中，找到了"苏州才子"林达祖前来帮忙。不想一试下来，编得很好，仍旧保持着幽默闲适的韵味。但因为《人世间》《宇宙风》的出版，又有林语堂的白吹号召，故《论语》的销路很受影响。1936 年，林语堂去了美国，《论语》又有好转，但不久抗战爆发，《论语》即告暂时停刊。

1945 年日本投降后，《论语》复刊，仍由林达祖主编。但在铺天盖地的黄色小报中，《论语》了无声息，已失战前的风光，几乎到了湮没无闻的地步。1946 年，邵洵美请李青崖再度出山，想重整旗鼓，恢复旧观。此时的李青崖，经过八年抗战的艰苦磨炼，思想已经变化。李想把《论语》编成仍保留幽默风格的"中间偏左"的刊物，封面专登丰子恺的漫画，并设有《京话》专栏，由李的好友黄芝冈负责，每期写一篇对国民党幽默讽刺的文章。李青崖一共编了三期，他的编辑内容，和邵洵美的思路可谓格格不入、无法融合。恰好1947年1月的一期《京话》，李青崖发了一篇《中华"官国"宪法》的文章，专门抨击国民党的所谓新宪法。刊物已经印好，正要发行，被邵洵美发现，立即扣下，知道此文一出，必遭封刊之祸。邵一时大为冒火，将文章撤去，改排目录，但已被国民党的新闻检察机关发现了，这一期的《论语》，终于没有发行，还受到国民党当局的严厉训斥。这件事当即引起李青崖和邵洵美私人友谊的破裂。李认为刊物要有独立的骨气，宁可封门，也要发行；邵则以为完全没有必要因过激而被停刊。因此，李青崖拂袖而去，《论语》仍归林达祖主编。但由于此事，国民党即着重注意《论语》。1947年冬，国民党一方面全力进行反共反人民内战，另一方面大力钳制舆论，加强新闻出版控制。此时，《论语》已奄奄一息，全无生气，加之连带遭灾，被冠以"幽默讽刺当局"的罪名，被勒令停刊。

# 顾颉刚与《文史杂志》

———

李　丛

　　抗战时期，重庆出版的《文史杂志》，为当时寿命最长的刊物之一。那时物质条件极端恶劣，纸张缺乏，《文史杂志》装订的篇页用毛边纸，封面为灰色硬壳纸，但铅印的字迹甚为清晰。从 1941 年创刊到 1943 年，由重庆商务印书馆发行；1944 年到 1945 年，由重庆中华书局发行。开始是半月刊，后改为月刊，再由月刊而采取合期形式出版的双月刊。《文史杂志》每卷发行都有十多期，直到抗日战争胜利为止，仍坚持出版了五卷，这是与创办人兼主编的顾颉刚先生的辛苦努力分不开的。

　　顾颉刚是 20 世纪著名的爱国史学家，江苏省苏州人，最初执教于北京大学和燕京大学。他的著作《古史辨》一书，誉满全国，其第一册的"自序"，曾经收入《中国新文学大系》，被看作五四新文学运动第一个十年的传记文学的代表作品。他对史学的研究，敢于大胆臆设，虚心考证，发前人所不敢发表的论见。例如，世人皆相传尧、舜、禹为古代圣王，可是顾颉刚却提出"尧""舜""禹"都是古代表意的象形字："尧"象为高山峻岭的形貌；"舜"象为古代一种植物的形状；"禹"象为古代一种大虫的形体，故说尧、舜、禹不过是原始氏族时代图腾社会的标志罢了。这一说法，曾在当时的史学界引起极大的轰动。

"九·一八"事变后，顾颉刚感到民族危机深重，乃走出学术殿堂，从事抗日救亡的宣传活动，创办"通俗读物编刊社"，编写出版大量的京戏、鼓词等宣传抗日救亡的普及读物。同时，他邀集一些史地学者，成立一个研究中国历史地理和边疆史地的学术机构"禹贡学会"，并出版《禹贡》半月刊。他在《禹贡·纪念号》中写到："本会同人感念国事日非，惧民族衰亡之无日，深知抱'为学问而学问'之态度，实未可以应目前之急，亦非学人以学术救国所应出之一途，爰纠集同志从事于吾国地理之研究。窃愿借以激起海内外同胞爱国之热诚，使于吾国疆域之演变有所认识，而坚持其爱护国土之意向。"

这些事迹和言论，正表明顾颉刚不甘心国土沦丧的爱国思想。当年"禹贡学会"的会员集中在《禹贡·东北研究专号》上撰写文章，对日本军国主义者侵占我国东北四省的罪行大张挞伐。他们以无可辩驳的历史资料，长篇累牍地论证东北地区自古以来就是中国的神圣领土。这件事在当时引起了日本军方的注意，并阴谋对顾颉刚进行迫害。

七七事变前夕，顾颉刚受到日本军方的追捕，为避祸赶忙离开北平南下，回到故乡苏州。抗日战争爆发，他远赴西北地区考察，再从西北到昆明，在云南大学任教。后来又从昆明赴四川成都，担任齐鲁大学国学研究所主任。不久又离开成都，专程赴重庆创办《文史杂志》。他采用"文史"这个词作为杂志名称，是为了继承中国史学"文"与"史"必须相结合这个优良传统，并极力主张其中文章的内容不仅应具有史学价值，而且是极生动的通俗历史，既真实又有文采，不独对民众，即一般知识分子之非专攻历史者，读之亦觉兴趣盎然。其目的是为了宣传爱国主义思想，取得抗战时期更大的社会效益。

顾颉刚回忆他创办《文史杂志》的动机时曾说："《文史杂志》是民国 30 年在重庆创刊的。那时正是兵荒马乱的时候，敌机除了雾季之外，差不多天天飞到重庆，都市里的人民日夜住进防空洞。一座好好的重庆城，炸得几乎没有一间完整的屋子。我们在这个时候来办这个杂志并不是有什么闲情逸致，我们只是认为：战事不知何日终了，我们不知再可活几天，如果我们不把这一星星的火焰传衍下去，说不定我们的后人竟会因此而度过一个长期的黑暗生涯。历史的传统是不能一天中断的，如果中断了就会前后衔接不起来。我们都是服务于文化界的人，自己的生命总有终止的一天，不值得太留恋，但这文化的蜡炬在无论怎样艰苦的环境中总得点着，好让孑遗的人们或其子孙来接受这个传统。这传统是什么，便是我们的民族精神，立国根本。"这里说得很明白，创办《文史杂志》的动机，是为了尊重历史、激扬民族传统的爱国精神。

《禹贡》和《文史杂志》两个刊物，是一脉相承的。从顾颉刚对办两个刊物所发表的言论可以了解：他处在民族苦难危亡的时代，是反对"闲情逸致"，反对"为学问而学问"的。其办刊的宗旨是为了唤醒人们热爱祖国广阔富饶的国土及伟大光荣的历史，弘扬祖国悠久灿烂的文化，以激励人们的民族自信心和自豪感，进而激发人们的爱国主义精神，以及鼓舞人们在当时争取抗日胜利的决心，争取中华民族的解放。

《文史杂志》刊载的文章多是截取一段史料，发掘其前人未发掘出的内涵，照应抗战时期的现实，激发人们爱国救国救民的精神。篇章或考证、或记述、或论证，都有独到的见地。文字既通俗易懂，又富有文采，而且一般的人都能阅读。如顾颉刚《周人的崛起及其克商》这篇文章，他从周人的祖先只知有母不知有父的神话传说，考证其古代民族的起源为母系氏族社会。以"爱民则有国，失民则失国"一线思想贯穿全文，论证出爱人民的精神为立国的根本，进而阐发国人临危不惧、刚毅奋进的民族气质。这是一篇通俗生动的古代史文章，它不仅普及了历史知识，而且使人从文学的感染中，激发起继承民族的优秀传统精神。《文史杂志》于抗战胜利时停刊。它在当时宣传抗日救国，唤起民心，从历史的角度上，的确起到了一定的作用。

# 沙漠里的骆驼与战马

## ——左联期刊《文艺新闻》的出版传奇

左 文

袁殊，1911 年出生于湖北蕲春，1929 年到日本留学，回国后担任中国左翼文化总同盟常委，创办《文艺新闻》。

与《大众文艺》《萌芽》《拓荒者》等左联期刊一样，《文艺新闻》一开始并不属于左联阵营的期刊，它与前三者的区别首先在于它不像前三者那样有成为左联期刊的具体时间，而是在向左转以后被很笼统地称为"左联外围期刊"的。

本来可以以其主编袁殊加入左联为该刊向左转的标志，但是袁殊加入左联的具体时间并没有记载；其次在于前三者在成为左联期刊以前就属于左翼阵营的期刊，而《文艺新闻》一开始奉行的是中间派的宗旨。

《文艺新闻》的主编袁殊原曾是一个无政府主义者，所办期刊的宗旨原本为"集纳主义"，即不偏不倚、不左不右。《文艺新闻》一开始以"中立"的面目示人，其最初的发刊词郑重声明，《文艺新闻》"不拘守某一种主义；不依附于某一种集团；不专为任何的个人或流派"。

其办刊宗旨也尽力凸显出"新闻纸"之特性:"《文艺新闻》,是要在文化的进程中,服役于文化界、学术界、出版界,如一般新闻纸之社会的存在一样,成为专门于文化的有时效之新闻纸。以绝对的新闻的立场,与新闻之本身功用,致力于文化之报告与批判。《文艺新闻》发刊的目的是为此,主要的任务亦是如此。以中国文化的现状来看,也是有着这种客观的需要的。新闻是为大众,属于大众的。"正因如此,《文艺新闻》从第四期起便获得了"合法公开"出版的资格,国民党当局承认它取得了"中华邮政准挂号新闻纸类"的合法身份。

但是实际上《文艺新闻》的总体倾向是左倾的,尤其是随着它对左联五烈士遇害消息的率先报道和坚持不懈、深入持久的后续报道,其同情左联的倾向表露无遗,随着袁殊的加入左联,《文艺新闻》也就正式成为左联期刊了。《文艺新闻》经历了由"中立"到"左倾",再到"左联期刊"的发展历程。20世纪30年代国民党当局对左翼阵营白色恐怖的"文化围剿",导致了《文艺新闻》曲折的发展历程,但同时也成就了《文艺新闻》独特的出版传奇。

在左联为数众多的期刊中,《文艺新闻》拥有若干个"左联期刊之最":

第一,发行量最大。《文艺新闻》创刊号"出版的第一天竟有了100多位读者",发行还不到半年,该刊的发行量就突破了一万份,创造了"行销万余份,读者遍中外"的不俗成绩。这在无法公开出版发行的左联期刊中,简直是一个奇迹。

第二,出版期数最多。在所有的左联期刊中,1931年3月16日创刊、1932年8月被迫终刊的《文艺新闻》不是存在时间最长的一种,却是出版期数最多的一种,这是因为《文艺新闻》是周刊,从创刊到1932年2月1日出版第47号为止,虽然1931年11月该刊曾被国民党当局以"反动文艺刊物"的罪名查禁,但是该刊对此禁令采取了蔑视的态度,仍坚持正常出版。第47号以后因为"一二·八"事变的爆发,自1932年2月3日起以中国新闻研究会和《文艺新闻》读者联欢会为后援改出单页日刊《文艺新闻·战时特刊·烽火》,至1932年2月17日《烽火》特刊共出版了13号。自1932年3月18日起《文艺新闻》恢复正常出版,1932年6月20日出版到第60期时,《文艺新闻》再次遭到国民党当局的查禁,但是没多久该刊又自动复刊了,并且复刊后还辟有专版栏目,使刊物的规模由原来的四版增加到了六版,加上"一二·八"事变前该刊出版的未排出版序号的"追悼号"和"公演特刊"两期,《文艺新闻》共计出版了75期。

第三,组织、沟通读者最为成功。首先,《文艺新闻》先后成立了"读者联欢会"和"读联会干事会"的组织,先后向读者发起了三次有较大影响的征文活动:"第一次征案:中国文坛上的三张?""……他们都是专门以'女'和'性'为文学著述的取材,而一律都能获得多量的稿费,享受在生活上。此'三张'究系哪三位?请读者依下表填具寄交本会应征处……并每人赠送可以买得到的三张的著作一本。""第二次征案题:一、哪个作家给我的印象最好?二、哪个作家给我的印象最坏?注意:一、答复内分'人格、作品、思想、学智'四项。二、答复须两题都有,共以500字为限。三、态度须客观,捧场或攻讦均不受理……"第三次在"九·一八"事变爆发不久后的第29号:"读者们:我们谨向你们征求下列两个意见:一、你对于东三省事件之认识态度和准备;二、你对于第二次世界大战之预测和准备。"这些征文在当时都得到了广大读者的热烈响应,社会影响很大。其次,《文艺新闻》开辟了"读者·记者"专栏,由包括主编袁殊在内的该刊记者一起回答读者提出的各种问题。再次,《文艺新闻》成立了"文艺新闻社代理部",

为读者义务服务："本社鉴于各地读者远地购书不便及各地文化团体图书馆采购书籍文具之困难，特成立代理部。凡本报读者，不论本外埠，如有关于购书及采购文具等事相委者，当本服务精神，义务的遵从办理。"另外，《文艺新闻》还开设了"读者公鉴"专栏和"读者顾问"专栏。前者用来告知该刊将要举办的一些活动的信息及该刊需要读者见证的一些事情，如第十三期该栏就发布了"我们欲于最近举行读者访问，本埠的由本社同人分别访问，外埠的由各地通讯处负责访问"的消息。后者用来刊登读者对当时文艺作品及文艺刊物的评价，例如第 22 号的该栏就剪辑三位读者关于丁玲的评论：《丁玲：一个时代的烙印——〈韦护〉之内容与技巧》；第 23 号评论的是张天翼的《鬼土日记》。最后，《文艺新闻》举行了大型的读者访问活动，从 1931 年 6 月 13 日起的一个月时间里，文艺新闻社派出专人到各地去调查读者情况，本、外埠共访问了 287 位读者，并以《文艺新闻读者在各处》《文化工作的调查，介绍》《读者访问后续》等形式通报了访问的情况和统计结果，这在以前的左联期刊中从未有过。

正是这些举措，使得《文艺新闻》与其读者之间真正达到了"心之交鸣"的效果，二者之间形成了良性互动，读者坚定地支持《文艺新闻》，《文艺新闻》则以特有的方式教育和感召着读者，并将自己与读者连成了一个不可分割的整体。

第四，身份最为复杂的主编。《文艺新闻》的编者署名为"文艺新闻社"，但实际上是由袁殊主编的。他具有其他左联期刊编辑者所不具备的复杂身份——军统、中统、青红帮、日伪，然而他的秘密身份却是货真价实的中共特科。他一人身兼五重身份，是一位传奇性的人物。

1931 年 10 月，袁殊加入中国共产党，之后立即转入特科的工作。1932 年春，通过表兄贾伯涛的关系，袁殊见到上海市社会局长、中统头子吴醒亚，打入了中统内部。后来他由吴醒亚介绍，成为新声通讯社的记者，从而可以出席南京政府的记者招待会，并在此期间认识了日本驻沪领事馆的副领事岩井英一。过了一段，岩井便开始每月付袁殊200元的"交际费"，这样，他又成了日方的情报人员。自然，这是得到中共地下党负责人的批准——成为三重间谍。袁殊为了增强自身的保护色，开拓情报来源，于1937年4月加入了青红帮。当抗日战争爆发后，戴笠一时找不到熟悉日本问题又有相当的日本关系的人，杜月笙说有一个叫袁殊的日本留学生与日本领事馆副领事岩井英一关系不错，戴笠于是亲自登门拜访。袁殊立即请示潘汉年。潘汉年说："这是件好事，机会难得，你千万不可错失良机，答应戴笠的一切要求。"戴笠给袁殊安排了两项任务：一是收集日本方面的情报；二是坚持留在上海。这样，袁殊又多了一个身份——军统。从此，袁殊通过各种关系大量获取日本情报，首先是向潘汉年汇报，然后，有选择性地给军统汇报——毕竟是国共合作时期，有共同的民族利益。这个时期，他获取了日军南进情报，为苏军兵力部署提供了有力支持，这是他为历史所传颂的"两次大功"当中的一次。

自1937年到抗战胜利，袁殊从来没有发生任何意外。后来，袁殊又担任了一系列伪职，如清乡政治工作团团长、江苏省教育厅厅长、清乡专员以及伪保安司令等，他的情报工作日益老辣。1945年初，袁殊辞去了伪教育厅厅长等职，仅留下一个上海市参议的名分。抗日战争胜利后，袁殊被任命为忠救军新制别动队第五纵队指挥和军统直属第三站站长，被授予中将军衔。1946年初，袁殊去了解放区，军统对袁殊下了通缉令，并派人去苏州抄家。1949年，袁殊到了北京，转到了李克农的情报部门，做日美动向的调研工作。1987年11月26日，袁殊逝世，享年76岁。

第五，视角最丰富。这一点主要通过《文艺新闻》开设的栏目上体现出来。虽然创刊号除了"RADIO 播送"外并没有出现更多单独的栏目，但是从第二期起，该刊的栏目就分得越来越细、越来越多，堪称左联期刊之最。

《文艺新闻》设"RADIO 播送——有话对大家说栏"。创刊号该栏发表的是汪馥泉的《公开暴露，就叫作杂感吧!》，第 7、第 8、第 9、第 10、第 12 号该栏分别发表了高明的《作家成名大纲》《续作家成名大纲》，铁郎的《致未成名作家——作家成名术大纲的反攻》，高明的《我的态度——"作家成名术"论战之余波》等围绕青年作家应如何成名的问题展开了激烈的论争；第 13 号该刊发表了山女的《作家成名与名著竟译》，将成名问题之争引向了针对当时盛行的翻译名著之风的探讨等。

第 2 号开设了较为固定的有图片专栏"上海街头之什"，专载所拍摄到的上海当时的街景，多为上海下层民众艰难生活或上流社会糜烂生活的写照，图下配以简短精彩的解说，显得意味深长。如第 11 期该栏刊登的摄影图片是《街头美术家》，主人公是一些在上海街头画巨幅广告画的人，所配的文字是这样的："他们在构成都市之色，在整齐与综错美之成就，他们的工作是为面包。艺术的贡献，是他们的生活，梦中他们不会想到荣誉。"

第 3 号出现了相当于社论的"代表言论"专栏，用来分析社会现实、号召各层读者和作者以及向国民党当局提抗议，主要的"代表言论"有《四马路的劳动——由一块洋钱来透视这条街》《青年出路与出版界》《"毒月"祭语》《谈言论与出版之自由》《在臭虫与娼妓中，作家! 请清算你们的作品与生活》《市场上所见到的文学》《论"捧"与"骂"——致无名作家》《诗人徐志摩之死》《一九三一年之回顾》《反对邮电检查！释放一切政治犯！》等。

"一周之出版界"专栏，专门介绍当时中国出版界的消息。

"每日笔记"专栏，以报道社会名人的行踪为主，如："黄天鹏有病，或说将离申作春的旅行"；"听说傅东华自新年中赢了2000多元"；"庐隐女士携其小爱人赴西湖"；"章衣萍赴西湖吟诗，他卖给现代学生的《冤家曲》得洋五元"；"施蛰存在25日跑来本社买报，当送了两份给他。问他近做什么工作，他说有病不提笔"；"夫妇作家的哑谜，杨骚与白薇之离合"；"陈学昭的爱人与结婚"；"谢六逸近患流行感冒，负病到校授课"等。

第4号起开始出现"特写"专栏，且固定排在第二版，其特殊之处就在于该专栏的文章是每期刊物中唯一一篇横行排版的文章，几乎期期如此，以示特殊之意。第4号"特写"的是《怒吼吧，中国！——孙师毅谈（一）》，介绍了未来派诗人 S. M. Tretyakov 由以万县事件为题材写的诗《怒吼吧，中国！》改编而成的同名剧本。其他如第14号余慕陶的《文学是不是科学?》、第15号摩顿的《论翻译》、第18号袁殊的《报告文学论》、第19号朱仲瞡的《战争小说论》、第23号余慕陶的《辛克莱的〈波斯顿〉》、第46号袁殊翻译的《苏联新闻概观》等都是有较大影响的"特写"。

第9号起开设了"新刊月话"专栏，由方英担任固定专栏作家，介绍并评价当月出版的各期刊。第9号介绍评价的期刊包括新年号《小说月报》的创作；对《微音》的感觉；《新学生》四期；光华的《读书月刊》关于自传的名人读书经验以及《学校评论》等；第42号上的"新刊月话"的主题是"抗日文艺时评"，评论的是《北斗》第4号上沈起予清算抗日文艺的论文《抗日战争中的文学》，认为蓬子的小说《白旗交响曲》是一篇"失败的创作"，认为晶孙的戏剧《谁是真正的朋友》

"在体裁方面获得了成功"。

从第 11 号起,该刊开始设置前面提到过的"读者·记者"专栏。

"读者公鉴"栏首次出现于该刊的第 13 号,"读者顾问"栏首次出现于第 22 号。

第 14 号开始开设"中国问题专栏",反映当时中国"被践踏在铁蹄之下的动乱",为研究者提供"研究记录的资料"。

1931 年 9 月 28 日出版的第 29 号开设了"从清晨到夜半"的专栏。

第 48 号开设了"文化战线"专栏,报道中国当时的文化动态,该期该栏报道了傅东华、郑振铎主编的《文学》杂志的出版:"最近闻有新进作家多人,组织一文学杂志社,将出版文学半月刊一种,定名为《文学》。"

《文艺新闻》反映社会现实的视角之多,不仅表现在以上多达 15 个专栏的开设上,还表现在它经常有针对性地开辟一些"专版",如第 58 号就开辟了"美术版"和"诗歌版",第 60 号开辟了"妇女版"。

另外,《文艺新闻》还开设了一些介绍当时中国北方和南方文化情况的专栏,如第 12 号就出现了"南华文化专栏",介绍广州"书店的起落及刊物的新兴";第 17 号又出现了"北国专栏",以《北国之文学与戏剧》为题介绍了"新进作家之群"在那"稀疏零乱之故都文化网"中"建树——创造——开拓着那荒野!"的情况:"北平没有什么大杂志,仅只有几个小小的杂志,在支撑着文坛的门面,所以那些新进作家之流,便把他们的文章,在那里披露。"第 23 号的"北国专栏"以《在东北,冰花灿开放》为题对"关外文坛"进行了"略述",介绍了在东北分别出版了第 10 号和第 1 号的《怒潮》周刊和《冰花》月刊,认为它们"能很正确地把握着这个时代","但是因为经济及社会的限制终于不能不暂时停止"。

综观《文艺新闻》，栏目的内容是不固定的，但有一个总的倾向，就是对当时的社会时事进行分析批判。如第 29 号就用辛辣的笔调批判了当时中国流行的"阿 Q 的哲学"，因为"九·一八"事变后有人发出了这样的言论："日本……是咱们中国的……区区岛国，何足为惧。"在日本占领东三省的后两天，日本国内发生了地震，上海的《申报时报》就说这是什么"天降鞠凶，上天示警"，文章认为这是"传统的阿 Q 的精神哲学"，"这正是具体化的'忍耐，镇静'的哲学"，也是"《申报时报》的因果论"。第 33 号该栏以《鬼市"淫"灯》为题对《申报》所刊登的广告进行了猛烈抨击，认为 1931 年 10 月 23 日《申报》第一版封面上登出的《肉林趣史》和《鬼市银灯》的"半幅淫书广告"以及后来所登的《神女生涯》和《云雨潮》的广告"太不顾新闻纸的道德了"，认为"《申报》60 年的历史，可以在这种广告的刊登上，毁于一旦的！"

另外，《文艺新闻》存在的时期，先后爆发了"九·一八"事变和"一二·八"事变，《文艺新闻》可以说是当时中国最为充分地反映这两个关系到中国命运的事件的媒体，对于"九·一八"事变，该刊第 29 号的第二版用初号大字体刊出标题《日本占领东三省屠杀中国民众！！！》，并表明了中国"文化界的观察与意见"，第 32 期又重复刊载"征求读者关于'九·一八'事变的意见态度"的启事，除此以外还有一系列相关的文学创作和理论文章。对于"一二·八"事变，主要的反映形式就是《〈文艺新闻〉战时特刊·烽火》的开辟。虽然特刊的规模只有原刊的四分之一，但是却增加了出版的频率，从 1932 年 2 月 3 日到 17 日天天出版，而且出版时间精确到了上午或下午甚至小时，如特刊 1 号的出版时间就是 1932 年 2 月 3 日下午 3 时，特刊 2 号的出版时间为 1932 年 2 月 4 日下午 2 时。

《烽火》特刊真实地反映了"一二·八"事变后日本军队的进展以及由此而带来的中国国内外的各种反应。特刊 1 号发表《文艺新闻社启事》说明了特刊之缘起:"上月 29 日驻沪的日本帝国主义者军队进攻中国军队……读者纷纷来社促即发行号外,当以人力、财力皆困,未即实现,兹承中国新闻学研究会及本报读者联欢会两团体之后援并由本社同人分向个人捐募零星经费,决定从今日起,发行《烽火》战时特刊,聊尽职责于社会人士。"也报道了作为当时中国"领袖"的蒋介石的战时行为:"虹口华人积尸成山……蒋介石逃到洛阳,企图勾结华北杂色军队,不是打外国而是要杀自己人。"特刊 9 号也报道了爱国人士与卖国政府之间有着强烈反差的举措:一方面是"昨承柳亚子君捐助大洋 25 元"的报道,另一方面是"政府卖国之铁证":"政府所在的首都警备司令部,竟公然为日舰代办食粮,让敌人吃饱了来动手。"特刊 10 号继续着这种反差强烈的报道:既有"今日承罗凤君捐助大洋二元",也有"政府屠杀政治犯近二年来已有三万余人",更有"日军将用毒瓦斯杀上海人,德国内乱又将在此时开始"。

在 20 世纪 30 年代的中国,在国民党"文化围剿"造就的"文化沙漠"之中,《文艺新闻》的出现、存在及其表现,不能不说是中国近现代史上的一个出版传奇,在给读者的"献词"中,《文艺新闻》的编者这样描述着这种传奇:"我们并无须失望,'文化是武器',我们对此早已理解,这武器不只是可以耕沙漠,而且可以建绿洲……而且我们将发现,我们并不只是几只孤独的骆驼,而是成群的战马!"

# 《南京人报》与"史上最短杂文"

张宝林

　　一个作家，既写小说，也写剧本，还写评论和杂文，而他最著名的作品，却只是六个字，这情状恐怕是文学史上独一无二的。

　　这位作家叫郑拾风（1920—1996），他的"最短杂文"是一句短评："今日无话可说。"

　　1995年11月，高集、高汾收到郑拾风写来的一封短信，只有两三行字：

高集、高汾二兄：

　　忽然想起40多年前旧事，就在一块帕子上写了几个字，现寄上，聊作纪念可也。

拾风

11月12日

　　内附一块绢帕，上面写的正是这篇"杂文"：

今日无话可说

一九四六年六月廿四日，南京下关事件次日，我在南京人报发表六字短评以示抗议。

拾风（章）一九九五年十一月

这篇短评，被誉为中国杂文史上最短、最有力度的一篇杂文。

郑拾风，原名郑时学，笔名仆欧、令狐畏、时学、石红等，四川资中人。1937年毕业于泸县川南联立师范。1940年参加革命，历任江西《开平报》、桂林《力报》编辑，重庆《新民报》编辑、主任兼主笔，《南京人报》总编辑。1949年后，历任上海《新闻日报》编辑部主任、副主编，上海《解放日报》评论员，《上海戏剧》编委、编辑部副主任等。他是中国作家协会会员、中国戏剧家协会会员。"文革"后当选为上海市第四、第五届人大代表，上海市第七届政协常委，上海戏剧家协会理事。

说到郑拾风和"史上最短杂文"，就不能不多说几句《南京人报》。

《南京人报》，1936年4月8日创刊于南京。这张四开四版的小型日报，是中国报业史上的一个传奇。在中国办报，都要有雄厚的财力背景，但这张报纸，却是一个文人以半生的砚田收入倾囊而出，靠个人声望和人际关系，获得了相当大的社会影响。这个人就是著名的章回体小说大家张恨水。

1935年，张恨水南下上海，他过不惯十里洋场的日子，不久迁居南京。本想在城郊置买些田亩，著书课子，颐养天年，却在老友张友鸾的鼓动下办起报来。他在《写作生涯回忆》中说："我私人积蓄，还有四五千元"，"经过两个月的筹备，我约共拿出了四千元，在中正路租下了两幢小洋楼（后来扩充为三幢），先后买了四部平版机，在《立报》铸了几副铅字，就开起张来，报名是《南京人报》。"

报纸创刊后，张恨水任社长，请张友鸾任副社长兼经理。

张友鸾是个办报全才，21 岁就曾任《世界日报》总编辑，后来被陈铭德挖去当了一段时间的《新民报》总编辑。他擅长写评论，纵横捭阖，锐不可当，经营管理也是一把好手，小说诗词也是样样精通。他后来二次加盟《新民报》，与赵超构、张恨水、张慧剑并称《新民报》的"三张一赵"，把报纸办得风生水起，一时与《大公报》难分轩轾。他的老友聂绀弩曾在他 60 岁生日时赠诗曰："二十岁人天怕我，新闻记者笔饶谁""才气有棱扪不得，岂惟痛饮始吾师"。

由于张恨水、张友鸾这两位才人联袂，1936 年 4 月 8 日正式开张的《南京人报》一炮打响，创刊的第一天就销了 15000 份，这在当时可是个重大新闻。要知道，当时南京市的总人口还不足 100 万，一般报纸也就销几千份。这张报纸主张抗日，重视社会新闻，版面新颖，栏目众多，走的是通俗化小报的路子，这让它很快在南京站稳了脚跟。

全面抗战爆发后，在南京沦陷的前四天，报纸停刊。张友鸾、张恨水先后到了陪都重庆，均被《新民报》延揽，分任版面主笔。这个时期，郑拾风、高汾也在《新民报》工作，郑拾风当编辑，高汾当记者，而高汾的丈夫高集则在《大公报》任职。那时，几个人都是二十多岁的进步青年，很快成了朋友。而张友鸾对才华横溢的郑姓小同事更是印象深刻。

抗战胜利后，国民政府还都南京，张友鸾也回到南京，勉力把老友创办的《南京人报》恢复起来。他继续担任经理，邀 26 岁的郑拾风搭档，任总编辑。1946 年 4 月 6 日《南京人报》再度出现首都街头。

据郑拾风回忆，他担任总编辑的这段时间，是国民党的新闻钳制逐渐收紧的严酷时期。要在国民党的政治中心曲折反映人民的愿望，披露事实真相，无疑是十分艰难的。如何面对错综复杂的政治局面，坚持"中间偏左"的办报主张，对报社同人是严峻的考验。复刊两个多月后，一个重大的考验摆到了面前，这就是如何报道"下关事件"。

1946 年 5 月，上海各界成立了"上海人民团体联合会"，选举了马寅初等 29 人为理事，发表了成立宣言，通过了致蒋介石和毛泽东电，反对内战，呼吁和平。他们还组成了一个"上海人民和平请愿团"，由马叙伦、胡厥文、阎宝航、雷洁琼等 11 位民意代表到南京请愿。6 月 23 日，代表团抵达南京后，当局纠集一帮打手，假冒苏北难民在南京下关车站殴打代表，致使代表团的多位代表和记者受伤。高集当时是《大公报》驻京办事处副主任，作为《大公报》记者去车站采访，也被打成重伤。

高集后来写文章回忆，那天，他和范长江、郁风等人一起去下关车站，到达时天色已晚。代表团一行下车后，这些"难民"就涌了过来，大喊大叫。他们把代表团成员和记者裹挟到候车室，一路上拳打脚踢。到了候车室，更是大打出手。有一个暴徒拿着酒瓶子窜向马叙伦，举起就要砸。高集一个箭步冲上去，用手一挡，瓶子就掉地上了。他那时血气方刚，和这家伙对打起来。那特务恼羞成怒，招呼了几个同伙，没头没脑地把高集一通暴打。当时，高集就感觉，打谁不打谁，这些人目标很明确，记者里，就是要打他和浦熙修。在整个事件过程中，军警就在旁边，但根本不予制止，这也说明，事件是有计划、有预谋的。

当晚，高汾和一些朋友护送马叙伦、雷洁琼、浦熙修、高集等人到了医院。周恩来当晚赶到医院，看望和慰问了受伤的民主人士，也看望了高集和浦熙修。国民党中宣部事后发布命令，不许各报刊登消息。但各报还是通过各种途径把消息透露出去。《南京人报》总编辑郑拾风坚决主张抗议这种暴行。既然无法用评论的形式发言，他就写下了这振聋发聩的六个大字，于 24 日见报。次日，《大公报》刊登了《首都车站暴徒行凶》的目击记。26 日，《世界晨报》刊登了郁风化名"问蕉"写的《下关不幸事件别记》。在三家报纸中，《南京人报》拔了头筹。

这篇六字评论刊出后，当局十分恼怒，唆使军统背景的《救国日报》总编辑龚德柏攻击和恫吓《南京人报》，还挑拨张友鸾、郑拾风之间的关系，但张、郑不为所动，张友鸾更秉持一贯不干涉编辑内容的精神，保护了郑拾风和编辑部同人。

下关事件后，《南京人报》与当局还有过几次冲突。一次是 1947 年"五二〇"事件后，报纸刊登了独家新闻，详细报道了军警残酷镇压学生示威游行的消息，还配发了两张警察殴打学生的照片。结果，国民党的一个中校特务找上门来，威胁首都军警要来报社"请愿"。还有一次，印刷厂工人把"大总统"误植为"犬总统"，当局要找郑拾风算账。但都被张友鸾和郑拾风想方设法顶了回去。但 1949 年 2 月，这张报纸终究还是被国民党封门了。

因为岳父母高集、高汾的关系，我和郑拾风叔叔也认识。有一次，他来北京，说是写了一个昆剧本子《钗头凤》，正在排练，问我能不能手书一阕陆游原词，他让美工放大了当背景。我遵命写了几张，挑了一张寄给了他。后来我看到剧照，似乎是我的字，又不太像，有点变形。也许美工故意要那样的效果吧。

# 徐志摩与松坡图书馆

*方继孝*

　　因英年早逝的缘故，徐志摩遗存于坊间的手迹很少。前些年我无意间收得徐氏的两件遗物：一件是他亲笔签名的原版照片；另一件是他旧藏的英文书籍《威尼斯之石》。

　　徐志摩亲笔签名的原版照片是上海的好朋友送给我的。听他说，这张照片是徐志摩当年送给爱妻陆小曼的。据说，一次徐、陆二人感情出现摩擦，陆氏曾把这张照片撕成两半，徐志摩飞机失事后，她在悲痛之余又把这本来已经破碎的照片粘合起来，重新挂在了墙上。1965 年，陆小曼离世后，这张照片连同陆小曼于 1935 年就已编成的《志摩全集》的纸样都交由徐志摩的表妹夫、建筑学家陈从周保存。1983 年，《志摩全集》由香港商务印书馆出版，而那张富有传奇色彩的照片则辗转被沪上好友收藏。上海的朋友把徐志摩的照片送给了我，我把这张照片原本从上海带到北京，放在箱子里，很长时间一直没有取出过。在一个长假期间，我对家里所藏物品进行整理时，想到了这张照片。照片是被装在一个精美的玻璃框中的，我从箱里取出它，还没有来得及放下，突然玻璃"炸"了，所幸没有伤着我的手。我便用厚厚的纸将照片包裹起来，然后束之高阁。一次闲谈中，我把这张照片的故事讲给了一个亦喜欢收藏的朋友。他听完了故事，当即表示愿意收藏这张徐氏的照片。此前，这个朋友曾将十几封罗振玉的书札以较低的价格转让给我（我只留了一封，就又全部以原价转让给了送我徐志摩照片的那位上海朋友），所以我还欠他一个人情，他一提出，我就答应了他。大概，这也是一种缘分吧。

徐志摩先生旧藏的英文书籍《威尼斯之石》是英国著名文学评论家和散文家约翰·拉斯金的代表作之一。拉斯金是一个多产的作家和艺术批评家。他一生中有许多著作，最著名的有《现代画家》《威尼斯之石》《艺术的政治经济学》《建筑的七盏明灯》等。拉斯金虽然不是一位建筑师，但是他对建筑界的影响与他对艺术界的影响相比同样重大。这种影响通过两方面表现出来：一方面是他试图建立的原则；另一方面是他所谋求的希望被采纳风格。前者主要体现在《建筑的七盏明灯》（1849 年出版）的原则中，至今，此书对所有建筑学的学生和建筑师来说是一本很重要的参考书。后者则体现在《威尼斯之石》一书。这本书推崇威尼斯哥特风格（拉斯金认为，对世界来讲，罗马风格、意大利西部的哥特风格、威尼斯哥特风格和最早期的英国装饰主义风格，已经足够我们选择了），使得其追随者开始模仿其风格。

徐志摩生前一定非常喜欢这本书。书是毛边本，没有裁过，或许志摩先生还没有来得及浏览，或许是因为他太喜欢此书，根本就没有打算裁。书的扉页上方有徐志摩的亲笔签名，下方的左边钤有一椭圆形"松坡图书馆藏书"印，紧挨着这枚藏书章的右侧钤有一枚齿轮状的"志摩遗书"小型图章。徐志摩逝世后，他的全部藏书被捐给了松坡图书馆。为了纪念徐志摩，图书馆专门刻了枚"志摩遗书"的图章，凡是徐氏所赠的图书都被钤印这枚图章，并且图章用墨均为蓝色。

徐志摩的遗书之所以捐赠给松坡图书馆，是事出有因的。

说起北京的松坡图书馆，如今知道的人恐怕不多了。松坡图书馆是为纪念蔡锷（字松坡）而建立的。馆址设在北海快雪堂和西单牌楼的石虎胡同 7 号（今小石虎胡同 33 号）两个地方。

松坡图书馆的这两个馆址都很有故事。所谓"快雪堂"，是位于北海太液池北岸的浴兰轩后面的一座楠木殿。浴兰轩是为皇帝、皇后到阐福寺拈香时更衣和休息的地方。到乾隆四十四年（1779 年），高宗弘历得到原闽浙总督、后调任直隶总督的杨景素在福建购得的《快雪时晴帖》石刻后，非常高兴，于是下旨在浴兰轩后建楠木殿一座，两边各接游廊 10 间，在楠木殿后檐墙上嵌快雪堂墨刻共计 48 块。西单牌楼石虎胡同 7 号是一个古树参天的庭院，在明代这是常州会馆，清初成了吴三桂之子吴应熊的住宅，后来赐给裘曰修（字叔度，一字漫士，谥文达），雍正三年又改为右翼宗学府。曹雪芹在宗学府当了七年"邻曲"，并在这里开始构思《红楼梦》。这里还是当年传说中的北京四大凶宅之一。

松坡图书馆以杨守敬的 2.4 万册藏书为主。在快雪堂的松坡图书馆是第一馆，专门收藏中文书刊。在石虎胡同的松坡图书馆为第二馆，专门收藏外文书刊。松坡图书馆的第一任馆长是梁启超。松坡图书馆成立于 1922 年，但因书籍整理、编目等工作尚未就绪，加之北海公园尚未被批准开放，所以松坡图书馆当年并没对外开放。1924 年 6 月 1 日第二图书馆先行开放。而第一图书馆直至民国十四年（1925 年）8 月 1 日北海公园开放后，松坡图书馆才于同年 10 月 1 日正式开馆。民国十七年（1928 年）梁启超去世后未再选举馆长，但馆务一直维持到 1939 年。中华人民共和国成立后，松坡图书馆所在地快雪堂由北京图书馆接管，馆内所藏蔡锷等人的有关文物则由中国革命博物馆收藏。

　　徐志摩与松坡图书馆有着不解之缘。1923 年初，徐志摩从英国留学归国回到北京。徐志摩是梁启超的学生，在北京滞留期间，他就暂时居住在梁启超任馆长的石虎胡同 7 号的松坡图书馆。本来，梁先生曾推荐徐志摩去上海《时事新报》做副刊编辑，但徐没有去。有的资料说，徐志摩回国的目的是为了追求"中国第一才女"林徽音的。徐不愿去上海，于是就在松坡图书馆外文部任职，担任了英文秘书。徐志摩原本为追求爱情而来，遗憾的是他所追求的林徽音已经和梁任公的公子梁思成坠入爱河。当时，林徽音和梁思成喜欢在北海的快雪堂松坡图书馆约会、读书，而在石虎胡同 7 号松坡图书馆外文部担任英文秘书的徐志摩也时常去那里，而成为不受林、梁欢迎的人。梁实秋曾说："据梁思成告诉我，徐志摩时常至松坡图书馆去做不受欢迎的第三者。"松坡图书馆星期日照例不开放，徐志摩因特殊关系自备钥匙可以出入，梁思成不耐受到骚扰，遂于门上张贴一纸条，大书：lovers want to be left alone（情人不愿受干扰）。徐志摩只得悻悻而去，从此退出竞逐。

　　在松坡图书馆的日子里，徐志摩虽然情场失意，但他对于这一短短的生活片段却永远地不能忘怀。这一点，在他后来写的《石虎胡同 7 号》一诗中有着深刻的体现：

　　　　我们的小园庭，有时荡漾着无限温柔；
　　　　善笑的藤娘，袒酥怀任团团的柿掌绸缪，
　　　　百尺的槐翁，在微风中俯身将棠姑抱搂，
　　　　黄狗在篱边，守候睡熟的珀儿，它的小友
　　　　小雀儿新制求婚的艳曲，在媚唱无休——
　　　　我们的小园庭，有时荡漾着无限温柔。

我们的小园庭，有时淡描着依稀的梦景；

雨过的苍茫与满庭荫绿，织成无声幽冥，

小蛙独坐在残兰的胸前，听隔院蚓鸣，

一片化不尽的雨云，倦展在老槐树顶，

掠檐前作圆形的舞旋，是蝙蝠，还是蜻蜓？

我们的小园庭，有时淡描着依稀的梦景。


我们的小园庭，有时轻喟着一声奈何；

奈何在暴雨时，雨槌下捣烂鲜红无数，

奈何在新秋时，未凋的青叶惆怅的辞树，

奈何在深夜里，月儿乘云艇归去，西墙已度，

远巷薤露的乐音，一阵阵被冷风吹过——

我们的小园庭，有时轻喟着一声奈何。


我们的小园庭，有时沉浸在快乐之中；

雨后的黄昏，满院只美荫，清香与凉风，

大量的寒翁，巨樽在手，寒足直指天空，

一斤，两斤，杯底喝尽，满怀酒欢，满面酒红，

连珠的笑响中，浮沉着神仙似的酒翁——

我们的小园庭，有时沉浸在快乐之中。


　　《石虎胡同7号》这首诗一开始就把我们带进一种独特的诗歌语境和叙述语调中，"我们的小园庭，有时荡漾着无限温柔"，然后他用拟喻的手法把自己的意趣赋予小园庭的一景一物，并把它们拟人化；他写它们间的情谊，写它们和睦融洽得像一个家庭，使整个小园庭洋溢着欢愉

的气氛，充满着生机盎然的诗趣。全诗分为四节，给我们描绘了四幅富有诗趣的生活图景。从中也使我们清晰地看到诗人所追求和向往的"诗化生活"：它没有人与人之间的争斗与冷漠，只有温情和友爱；没有外面世界的喧闹与繁杂，只是一个宁静的和谐世界，灵魂能够得以憩息；在这里可以轻轻地叹息，抒遣善感的忧伤，可以暂时忘却荣辱得失，沉浸在田园牧歌式的情调中。它仿佛像个"世外桃源"，宁静、温馨、和谐，洋溢着无限的诗趣。

徐志摩对石虎胡同 7 号松坡图书馆不能忘怀还有一个更为重要的原因，那就是徐志摩在这里发起了一个以留学欧美的知识分子为主体的新文化团体——新月社。"新月社"这名称是徐志摩受泰戈尔《新月集》的启示而提出的。而最初则是徐志摩发起的以石虎胡同 7 号为俱乐部的聚餐会。聚餐会每两周举办一次。《石虎胡同 7 号》第四节描绘的就是聚餐时的情景，诗中所写的每次聚餐总要参加，而且一定要喝醉的"大量的蹇翁"，就是时任松坡图书馆总务部主任的蹇季常。聚餐时也要吟诗作画和举行各种娱乐活动——"新年有年会，元宵有灯会，还有什么古琴会、书画会和读书会"。新月社就是在聚餐会的基础上发展起来的，可以说，聚餐会就是新月社的前身。当时常来石虎胡同 7 号参加聚餐会和新月社俱乐部活动的人物有胡适、徐志摩、陈西滢、凌叔华、沈性仁、蹇季常、林徽音、林语堂、张歆海、饶孟侃、余上沅、丁西林这些大学教授和作家文人，有丁文江、黄子美、徐申如这样的企业界、金融界人士，还有梁启超、林常民、张君劢等社会和政界名流。

但徐志摩发起新月社的目的，却不只是为了给一帮有知识有学问有闲有钱的友人们提供一般的社交俱乐部，他在《致新月社朋友》的信里对新月社成立的真正宗旨说得很清楚："我们当初想做的是什么呢？当然只是书呆子的梦想！我们想做戏，我们想集合几个人的力量，自编自演，要得的请人来看，要不得的反正自己好玩……几个爱做梦的人，一点子创作的能力，一点子不服输的傻气，合在一起，什么时代推不翻，什么事业做不成？当初罗刹蒂一家几个兄妹合起莫利思朋琼几个朋友，在艺术界打开了一条新路，萧伯纳、卫伯夫妇合在一起在政治思想界就开辟了一条新路道。"就是说，徐志摩创办新月社的目的是为了演戏。而演戏是为了替中国的新文学艺术界和思想文化界培植新的风气，开辟新的道路。1924 年 5 月 8 日，为欢迎印度大诗人泰戈尔访华和庆祝泰戈尔 64 岁生日，徐志摩、林徽音等人在北京协和礼堂用英语演出了泰戈尔的一出爱情剧《齐德拉》。这个剧本的故事是由印度史诗摩诃婆罗多的情节演变而来。林徽音在剧中扮演国王的公主齐德拉，徐志摩则扮演邻国的王子（另有一说：张歆海演王子阿俊那，徐志摩演爱神），他们演出得很投入、动情，演出效果很好，为此正值林徽音即将过门时在梁启超的家里还惹了一场小小的风波。此后，新月社还准备排演丁西林的几个小戏，但因故未果。不过，新月社俱乐部的成立和他们的戏剧演出，在国内外还是产生了一定的影响。

1931 年 11 月 11 日，徐志摩因上海家中有事，从北京回上海。19 日，他因为要听林徽音的一个报告会，于是乘飞机返回北京，途中飞机失事。70 多年过去了，在中国乃至世界仍有很多的人喜欢他。他热情奔放，热爱自由和美，是一个单纯的理想主义者。他的新诗真挚而丰美，洋溢着生命的朝气和活力。他的散文则词采绚烂，常自创新词汇，又杂以西文句法，虽或觉其生硬，却也能自成一种风格。梁实秋在关于徐志摩一文曾这样的描写他："他有说，有笑，有表情，有动作，至不济也要在这个肩上拍一下，那一个的脸上摸一把，不是腋下夹着一卷有趣的书报，便是袋里藏着有趣的书札，弄得大家都欢喜不置。自从志摩死后，我所接触的人还不曾有一个在这一点上能比得上他。但是因此也有人批评他，说他性格太浮。这批评也是对的。他的老师梁任公先生在给他与陆小曼结婚典礼中证婚时，便曾当众指着他说：'徐志摩这个人性情太浮，所以学问作不好……'这是志摩的又一面。"

# 近代五位著名的图书馆"馆主"

———

徐铁猊

## 陆心源与皕宋楼

在现代图书馆出现之前，私人藏书楼是我国图书收藏的主要形式。晚清时期曾经出现过四大藏书楼，皕宋楼就是其中之一。

皕宋楼位于浙江湖州。湖州旧称归安，楼主陆心源（1834—1894）即为归安人士，字刚甫，号存斋，晚号潜园老人，浙江吴兴人。咸丰九年时中举，官广东南韶兵备道，常年游宦于东南一带。陆心源年轻时便"志欲尽读天下书，偶见异书，倾囊必购"，十数年的孜孜以求，陆心源藏书达 15 万卷，其中的精品多得自上海郁松年宜稼堂，大部分为汪士锺艺芸书舍所收乾嘉时苏州黄丕烈士礼居、周锡瓒水月亭、袁廷梼五砚楼、顾之逵小读书堆等四大家的旧藏，内容涵盖经、史、子、集，并以宋元旧椠为著。

大约在光绪八年（1882 年），陆心源于月河街寓所建皕宋楼和十万卷楼两藏书室,以皕宋楼藏宋元刻本,十万卷楼收明清刻本、名人抄校本及清代学者著作。至于普通书,则藏于潜园守先阁,允许外人阅览。至于陆氏之所以将藏书楼名之"皕宋",主要是因为清代藏书家佞宋成风,常以收藏宋元刊本之多相夸耀。上文提到的藏书家黄丕烈即自号"佞宋主人",并以"百宋一廛"命其藏书之所。"皕宋"乃宋本二百种之谓,意在超越"百宋一廛"之一倍也。

在陆心源的苦心经营下,皕宋楼成为与山东聊城的海源阁、江苏常熟的铁琴铜剑楼和浙江杭州的八千卷楼并称的晚清四大藏书楼。而皕宋楼的藏书在当时颇受好评,有人曾以藏书量、宋元刊本量、图书种类、收集难易以及开放规制等方面进行论证,认为从这五个方面比较,皕宋楼竟强于声名显赫的宁波天一阁。

陆心源"薄富贵而厚于书",虽爱书但并不保守。他的三处藏书楼,守先阁是对外开放、"读者不禁"的。而且在光绪八年,他还向朝廷提出"以守先阁所储归之于公"的奏请。至于皕宋楼、十万卷楼的藏书,陆心源则以刊刻方式使一些珍贵的图书得以面世流通。刊刻的图书有《湖州丛书》《十万卷楼丛书》等。1894 年陆心源去世,皕宋楼传至其子陆树藩手中。陆树藩志趣在商不在书,经济上的困窘使得皕宋楼渐渐处于弃置状态。当时有个日本汉学家名岛田翰,精通中国古籍版本并包藏觊觎之心。1905—1906 年,他在游历中国江南时曾数登皕宋楼,"悉发其藏读之",而当时的景象是"尘封之余,继以狼藉,举凡异日之部居类汇者,用以饱蠹鱼"。但皕宋楼古籍之珍贵,还是令其发出"我邦藏书家未能有及之者"的感慨。当时正值陆树藩在上海经营蚕丝生意失败,导致陆氏钱庄的破产。岛田翰遂趁机怂恿陆树藩将皕宋楼藏书出售。陆树藩便以 50 万元开价。岛田翰一方面与陆树藩讨价还价,另一方面积极在日本联系买主,终与三菱财团谈妥。光绪三十三年(1907

年）四月，三菱财团以 10 万元（一说白银 118000 两）成交，将"皕宋楼、十万卷楼、守先阁之书，舶载尽归于岩崎氏静嘉堂文库"。

岩崎氏静嘉堂文库是日本三菱财团第二代社长岩崎弥之助（1851—1908）及其子小弥太（1879—1945）于 1892 年所创立，堂名取自《诗经》"其告维何，笾豆静嘉"。从日本明治年间开始，岩崎氏利用其丰厚财力，大力收集中国和日本古籍，收藏多达 20 余万册，其中汉籍占到三分之二。而收买皕宋楼成为其最重要之斩获，共计精品典籍 4146 种、43893 册，其中北宋刊本 7 部、南宋刊本 114 部、元刊本 109 部。在此之前日本所收藏的中国古籍中，经部比较齐全，子部也有一些善本，唯史部和集部书很少。皕宋楼藏书恰恰弥补了这方面的缺憾，使日本所拥有的四部典籍趋于完备，更有如宋刊本《说文解字》等国内已绝迹的一些珍贵孤本。

早在陆树藩放出风声要出售藏书给日本时，不少国人希望能保住皕宋楼的珍贵古籍。张元济与陆心源家族世交，当他听到消息后，曾亲往湖州，嘱陆树藩不要售予外人，并自凑 6 万元欲购之。商务印书馆创始人夏瑞芳亦表示愿以 8 万元收购。这些终于不敌日本岩崎氏财力。

陆树藩将皕宋楼藏书售予日本后，于 1908 年将余下的守先阁旧藏 1000 余部、14000 余册捐赠给刚创办的吴兴县海岛图书馆。抗日战争爆发后，湖州沦陷，陆心源的所有藏书丧失殆尽。

1948 年，静嘉堂文库曾并入日本国会图书馆成为分馆，1970 年后复归财团管理，直到今天仍然是日本收藏汉籍宋元古本最丰富的著名图书馆。静嘉堂文库原位于东京骏河台的岩崎私宅，1923 年日本关东大地震引起火灾，东京城内的大部分文库的大量文献资料化为乌有，唯静嘉堂文库得以幸免，日本有人因此大呼"此系天数"。1924 年，静嘉堂文库迁址于东京都世田谷区。

## 中国近代图书馆之父缪荃孙

缪荃孙（1844—1919），字炎之，又字筱珊，号艺风。江苏江阴县人。缪荃孙出身于官宦家庭，幼承家学。据说他 11 岁时读完五经。1860 年，太平军占江阴，缪荃孙侍继母避难淮安，就读于丽正书院，从院长丁俭卿学习文字学、训诂学和音韵学。21 岁时举家迁成都，从阳湖汤彦成研究文史，考订文字。据记载，缪荃孙曾于 1862 年应四川乡试中举，因非川籍而未授名。无奈之下，缪荃孙先后充总督吴棠、川东道姚彦士的幕僚。职间遍历川东北各地，刻意搜拓石刻。后张之洞任四川省学政，缪荃孙拜仅年长自己 7 岁的张之洞为师，追随其左右。张之洞的《书目答问》素为学界所推崇，但据缪荃孙晚年自述，《书目答问》乃是他的捉刀之作。后来缪荃孙于 1876 年考中进士，任翰林院编修，清史馆分纂和总纂，并历主南菁、泺源、龙城、钟山等书院讲席。缪荃孙还是著名的方志学家。张之洞总纂的《顺天府志》，"七年编成，时推巨著"，据说"发凡起例"，皆出于缪荃孙之手。后来他又重修了《湖北通志》，参与编修《江苏通志》。而自己家乡的《江阴县续志》更是他晚年力作，"此志刊行后，成为一代名志，为广大方志家所推崇"。缪荃孙学识渊博，交流广阔，著述繁富，在学界名满天下。他与王壬秋、张季直、赵尔巽四人被誉为"清末民初的四大才子"。

1906 年，缪荃孙应两江总督端方之聘，创办江南图书馆，任总办。端方当时刚刚出洋考察归来，欧美各国的公共图书馆给他留下了深刻印象。他在一道关于各国"导民善法四端"的上奏中，把建图书馆列在导民善法的首位。缪荃孙任职以后，奔走于江浙藏书之家，时常州瞿氏、归安陆氏、杭州丁氏，均号称藏书巨室。陆氏之书，已为日本购去。杭州丁氏也因家道中落，欲将"八千卷楼"善本书卖给日本岩崎氏的

"静嘉堂文库"。缪荃孙在端方的支持下，急筹 73000 元巨款并亲赴杭州，终将已卖出的藏书全部赎回并运到南京，在清凉山附近前任两江总督陶澍所建的惜阴书院旧址建楼，将八千卷楼藏书入藏其中。

缪荃孙用 3 万多两银子造了书库两幢，总计 44 间。除收购八千卷楼的近 6 万卷藏书之外，还收购了武昌"月槎木樨香馆"藏书 4557 种。江南图书馆于 1910 年 11 月正式对外开放。后来的岁月中，江南图书馆曾多次更名，1954 年，成为南京图书馆。

截止到 2000 年的统计数字，南京图书馆馆舍面积 31000 平方米，藏书总量达 717 万册，其中古籍 141 万册，中外文书刊 570 万册，缩微品 16000 件，视听资料两万余件，电子出版物 2000 余件。藏书量仅次于国家图书馆和上海图书馆，位居全国第三。

张之洞一直认为缪荃孙才堪大用，曾多次向朝廷保举。但缪荃孙并不以仕途为意。1907 年，张之洞调任军机大臣，以体仁阁大学士兼掌学部，开始筹建京师图书馆。他先后购得湖州姚觐元"咫进斋"和扬州徐乃昌"积学斋"私人藏书。常熟瞿氏的铁琴铜剑楼亦雇人把部分藏书抄成副本，将原本供于京师。1909 年，学部《筹建京师图书馆折》被奏准，张之洞任命缪荃孙为京师图书馆监督，设馆于什刹海广化寺。1910 年，京师图书馆正式成立。初建时，所藏图书主要取自国子监和内阁大库，包括明代皇家图书馆文渊阁藏书和南宋辑熙殿珍本，还采进敦煌石室所藏唐人写经本八千卷以及一些私家藏书，总计约 10 万册。

京师图书馆建成后，还没来得及对外开放，清朝就灭亡了。直到 1912 年 8 月 27 日，京师图书馆才正式对外开放，但此时的馆长已不是缪荃孙，而是教育总长蔡元培任命的江瀚。京师图书馆经过了多次"变迁"，1950 年，更名为国立北京图书馆，1998 年，北京图书馆更名为国家图书馆，对外称中国国家图书馆。

缪荃孙还是一位藏书家和杰出的目录学家。他早年曾从广东藏书家李文田习版本目录之学，从此开始了他的藏书生涯，以后每到一处，刻意搜求。在京师任职时，缪荃孙就常去海王邨书铺搜访异本。缪平生与许多藏书家往来，经常互相抄校考订，这样不但增加了藏书数量，学问亦随之日益博通。1900 年，缪氏艺风堂藏书已达十余万卷。缪氏曾在《藏书纪缘起》一文中，自认不敢与瞿、杨、丁、陆四大藏书家相比，但足与吴骞的拜经楼和孙星衍的平津馆相伯仲。

1919 年缪荃孙辞世。而后其子缪禄保把大部分藏书卖给了上海古书流通处，另有些珍本随缪禄保移北京，后多为北大图书馆所得。

## 两度出任馆长的陈垣

陈垣（1880—1971），字援庵，广东新会石头乡人，是我国著名的史学家、教育家。他的书斋名励耘书屋，晚年人称"励耘老人"。

陈垣从小受到完整的中国旧式教育，青年时又倾心于西方的先进思想和先进科技。1907 年，他考入美国教会办的博济医学院学习西医。第二年，由于不堪忍受博济医学院的美籍教师对中国师生的歧视，他与友人集资，创办了光华医学院，自己也转学到光华继续学习。1910 年，陈垣从光华医学院毕业，成为该校的第一期毕业生，毕业后他留校任教，教生理学和人体解剖学。

但陈垣并没有在医学上继续追求。1911 年，陈垣兼任广州《震旦日报》编辑，主编该报《鸡鸣录》副刊，鼓吹创建共和。辛亥革命后的 1913 年春，陈垣以革命报人的身份，当选为众议院议员，离开广州来到北京，积极投身到政治活动中。在北京，他结识了广东同籍的政界名流梁士诒。1921 年，在梁士诒总理内阁，陈垣曾担任过半年的教育部次长。但政治现实让陈垣感到失望，于是他转而投身学问和教育事业。

在担任教育次长期间，陈垣兼任过京师图书馆馆长，时间是 1921 年 12 月至 1922 年 6 月。陈垣当时还有一个身份，就是敦煌经籍辑存会的采访部部长。敦煌经籍辑存会是由叶恭绰等人于 1921 年发起成立的，旨在进行敦煌学研究。为考察京师图书馆于 1910 年入藏的敦煌石室唐人写经卷内容，陈垣与图书馆写经组组长俞君泽共同将 8651 卷轴逐一翻阅，"日以百轴为度，凡三越月，而八千轴毕"。而后的 1930 年，陈垣仿赵明诚《金石录》体例，作《敦煌劫余录》，对每轴的原号、起止、纸数、行数和内容都做了详细记录。《敦煌劫余录》是中国敦煌学的重要著作，学者陈寅恪曾为之作序。

1928 年，南京国民政府接管北京。国民政府大学院将国立京师图书馆更名国立北平图书馆。大学院聘请陈垣、马裕藻、马衡、陈悉治、黄世晖五人为国立北平图书馆筹备委员会委员，全权领导处理北平图书馆的工作。陈垣居首席，亦相当于馆长。在他第二任馆长期间，以他为首的国立北平图书馆筹委会向当局提出，申请将中南海居仁堂拨为馆舍。在陈垣等人的努力以及社会学界的支持下，1928 年底，北平图书馆获准迁入中南海居仁堂。另外，陈垣还将北平图书馆与北平北海图书馆（原北海北京图书馆）合并，并将接受美国庚款资助等事宜处理停当，为北图此后的建设与跨越式发展打下了良好基础。

1924 年 10 月，冯玉祥将溥仪驱逐出宫，随即成立了以李石曾为委员长的清室善后委员会，聘陈垣、蔡元培、沈兼士等十人为委员。1925 年成立故宫博物院，陈垣担任理事、文献部主任，并兼任故宫图书馆馆长。这样，似乎应当说陈垣是有过"三度"馆长的经历才对。

1915 年，文津阁本《四库全书》从承德运到北京，存放在当时位于方家胡同的京师图书馆。陈垣得知，非常高兴，竟从此每天到馆阅读这部书，寒暑不易，风雨无阻，十年时间终于将这部有 36300 册之多的

《四库全书》通读。他有关《四库全书》的多种著作就是在这个时期写成的。其间还有一件事使陈垣对《四库全书》的了解更加深入：1920年，法国巴黎大学计划建立中国学院，其中包括开设《四库全书》图书馆，希望能影印《四库全书》以便入藏。上海商务印书馆承担了影印文津阁本《四库全书》的任务。但由于不知道全书规模，无法作出准确预算。当时正在研读《四库全书》的陈垣决定进行清点，他请了北京亚东通信社社长王冷斋（"七七事变"时任宛平县县长）等七人一同进行。从1920年5月至同年8月，用了三个月的时间完成了这项工作。虽然后来因时局变化，文津阁本《四库全书》的影印并未实施，但因此而得到了准确资料。关于通读《四库全书》一事，陈垣自己这样说："有人说我是读完《四库全书》的人，其实'读完'殊未必，'翻完'则确实。"

从1913年到北京，陈垣后多半生都是在北京度过的，不为世事变幻所动。1937年日军占领北平，由于有德国教会背景，辅仁大学没有被日本人接管。陈垣因此没有南下。他拒绝出任伪职，百般呵护学校，呵护师生。他坚持操守，著书明志，八年间著书七部。1949年他也没有走，留下来继续他的教学与研究。1959年，陈垣加入了中国共产党。1971年6月21日，陈垣病逝，享年91岁。他生前立有遗嘱，将他毕生所藏四万余册书籍以及手稿，全部捐献给了北京图书馆。另外，陈垣还是成立于1925年的中华图书馆协会的56名发起者之一。

## 任馆长六十余年的顾廷龙

顾廷龙（1904—1998），字起潜，江苏苏州人。19世纪与20世纪交替之际，顾家先后诞生了两位文化名人，一位是生于1893年的顾颉刚，一位就是生于1904年的顾廷龙。有意思的是，论辈分，后出生的顾廷龙却是顾颉刚的叔父。

顾廷龙从小受到充分的蒙学教育，及长又进西式学堂，曾就读于苏州省立第二中学和上海南洋大学机械系。1931 年毕业于上海持志大学国文系，获文学学士学位，并于当年考入北平燕京大学研究生院学习古文字学，1932 年毕业，获文学硕士学位。毕业后留在学校任校图书馆中文采访主任达六年之久。其间，与其侄顾颉刚共同研究《尚书》及古文字学，应该还有版本目录学。当时燕大有一个采购委员会指导校图书馆的图书采购工作。该委员会成员除图书馆馆长洪煨莲先生外，还有邓之诚、容庚、郭绍虞、顾颉刚等人。顾颉刚曾专门写了一份《购求中国图书计划书》，详列许多应当收购而容易被人们忽视的资料，如档案、哀启、账簿、戏本、歌谣、宝卷、金石拓片、各类著作稿本以及有文献价值的照片等。顾廷龙从中受到启发，竟由此走上了广泛收集、整理此类图书资料之路。

上海沦陷后，叶景葵、张元济、陈陶遗等人在上海筹建合众图书馆。据说叶景葵看了顾廷龙为章式之先生遗藏所作的《章氏四当斋藏书目》十分赞赏，遂萌生邀顾廷龙南下主持馆政的想法。而这一邀请完全是以书信往来方式进行的。

当时文化人之间的书信往来频繁，具体说到邀顾廷龙南下一事，如下几封情感真挚又颇具文采的书信摘要可以标明事情进展的主要脉络：

1939 年 3 月 15 日，叶景葵首次致函顾廷龙："上海方面如有图书馆组织，需要编纂校勘人才，吾兄愿意图南否？" 5 月 23 日叶景葵致函顾廷龙："尚望迅速料理，务于暑假开始即行南下，盼切盼切。" 5 月 25 日叶景葵致函顾廷龙："此间各事均已备妥，专候兄来，即可开始办馆务。望暑假开始即行南来。" 6 月 1 日叶景葵致函顾廷龙："连发两快函，想已收到，此间专待贲临办事，愈速愈妙。"

就这样，从 3 月至 6 月短短两三个月的时间，叶景葵共十次致函顾廷龙。顾接到邀请决意南下,无奈燕京大学图书馆不肯放人。据顾廷龙回忆:"我接受叶先生相邀,决定南归,但向燕京图书馆辞职时,却复为该馆领导的热情挽留,一时不得脱身,又是张先生来函相促。"

顾廷龙所说张先生函即张元济写给顾廷龙的。张元济信中说:"敝友叶君揆初雅嗜藏书,堪称美富。以沪上迭遭兵燹,图书馆被毁者多,思补其乏,愿出所藏,供众观览,以弟略知一二,招令襄助。事正权舆,亟须得人而理。阁下在燕京研究有年,驾轻就熟,无与伦比。揆兄驰书奉约,亟盼惠临。闻燕京馆挽留甚切,桑下三宿,阁下自难翘焉舍去。惟燕馆为已成之局,规随不难。此间开创伊始,倘乏导师,使难措手,务望婉商当局,速谋替人。一俟变代停妥,即请移驾南来,俾弟等得早聆教益。异日馆舍宏开,恣众浏览,受患者正不知凡几也。专此奉恳,伏祈垂察。"

于是,"在叶先生坚邀、张先生敦促下,经过婉商燕馆当局,我终于离开北平来沪参与'合众'工作。"(顾廷龙语)1939 年 7 月 17 日,顾廷龙南下到达上海,开始接手合众图书馆的筹办事宜,并于第二天拟就《创办合众图书馆意见书》,对图书馆的定位、图书采访范围、图书装订方法、图书编目方法、图书阅览制度等提出主张。特别提出要以叶景葵、蒋抑卮所捐之书为基础,"建设一专门之国学图书馆,凡新出羽翼之国学图书附属之",以此作为合众图书馆的办馆方针。意见书得到叶景葵、张元济的同意。经过一年多的筹备,1941 年合众图书馆开馆。在顾廷龙的操持下,合众图书馆很快成为上海孤岛时期文化界人士的聚集地,而其藏书质量之高,竟"不亚于'东方'("东方"指毁于日军炮火的东方图书馆)所藏"。

从 1939 年接任合众图书馆馆长一职算起,顾廷龙随着合众图书馆的变迁以及时代的变迁,一直担任着馆长职务,直到他 1998 年辞世为止，任期长达 60 年，任期之长未闻出乎其右者（1939—1953 年任合众图书馆馆长，1953—1956 年任上海市历史文献图书馆代馆长，1956—1958 年任上海市历史文献图书馆馆长，1962—1985 年任上海图书馆馆长，1985—1998 年任上海图书馆荣誉馆长）。

在相同级别中，上海图书馆是成立最晚的，它建于 1952 年 7 月 22 日。1958 年 10 月，上海图书馆、上海市科学技术图书馆、上海市历史文献图书馆（原合众图书馆）、上海市报刊图书馆四馆合并，逐渐发展成为一所大型的综合性研究型公共图书馆，其现在的整体规模在国内仅次于国家图书馆。在专类收藏方面，有 1949 年以前编纂的历代地方志约 5400 种、家谱 18000 余种（342 个姓氏）、朱卷（包括会试卷、乡试卷及贡卷）8000 余种。在这些珍贵的馆藏中，有国家一级文物 700 种、二级文物 1300 种。还收藏了清末以来的文化名人信函、日记、题词、图片、珍稀文献等 5 万多件。

## 陶行知的"书呆子莫来馆"和三位一体图书馆

在南京晓庄有过一座图书馆，1927 年建成。当时陶行知在南京办晓庄师范，这座图书馆就是晓庄师范的校图书馆，他给图书馆起了个独特的名字：书呆子莫来馆。

陶行知（1891—1946），原名文睿，后改知行，又改行知。安徽歙县黄源村人。陶行知小时家境清贫，由于天资聪颖又勤奋好学，邻村的一位塾师认他为可教之才，免费让他入塾读书。他 15 岁考入县城的崇一学堂，学堂为教会所办，同样也是免费，课程中有英文、数学、理化等，陶行知就此开始接受西方新式教育。17 岁入杭州广济医学堂，医学堂也是教会办的。由于学堂规定只有入教才可以免费进医院实习，这让陶行知感到违背意愿，于是从医学堂退学，考入南京汇文书院，第二年转入金陵大学文科。1914 年，他以第一名的成绩毕业于金陵大学，随即赴美留学，先后就读于伊利诺伊大学和哥伦比亚大学，学习市政学、教育学，获文科硕士学位和都市学务总监资格文凭。在哥伦比亚大学他师从哲学家杜威。他与胡适同岁，又同样成为杜威的学生。

陶行知 1917 年回国，历任南京高等师范学校（后改为东南大学）教授、教务主任，东南大学教育科主任，南京安徽公学校长，《新教育》杂志主编，中华教育改进社总干事以及《新教育评论》杂志主编等职。由他发起的中华教育改进社还有后来与他人联合发起组织的平民教育促进会专注于平民教育，他与人合编了《平民千字课》并在冀、察、苏、浙、皖、赣、豫、鄂等省大力推行。他还特别关注乡村教育，曾立下志愿，决心"征集 100 万位同志，提倡 100 万所学校，改造 100 万个乡村"。1927 年 3 月，他在南京燕子矶附近的晓庄，创办了一所实验乡村师范学校——晓庄学校，专门为乡村培养小学教师。

学校的招生考试很有意思，除了卷面考试之外，还要求考生脱下长衫，用锄头开荒。考官陶行知也一身短衫草鞋打扮，他对考生说："你们要下乡了，以后要和农民做朋友，要为三亿四千万农民烧心香，替中华民族创造一个新生命。今天要举行一个特别的考试，看看你们能不能吃得起苦，将来能不能成为一个农民欢迎的教师。"在这场特别考试中，13 名考生都得了 100 分，他们成了陶行知最早的"十三门徒"，其中有清华大学的毕业生操震球和中华书局编辑程本海。

陶行知把杜威"平民教育"的思想与中国社会实际相结合，提倡并实践中国的乡村教育。他发挥杜威的"教育即生活"思想，提出"生活即教育"，倡导在社会实践中学习的学习方法，对书呆子式学习持完全的否定态度。在晓庄师范的招生广告上，他曾这样写："小名士、书呆子、文凭迷，最好不要来。"他把晓庄师范的校图书馆命名为"书呆子莫来馆"同样是他这种理念的反映。1929 年，陶行知在中华图书协会第一次年会上又说："世上有两种人生活极无意义：一为读书而不做事，一为做事而不读书。此两种人之生活各有所偏，均属毫无意义。敝校（指晓庄师范）现在造一小规模之图书馆。其名似嫌太长，名为'书呆子莫来馆'，盖专为用书而设，非为书呆子而设也。余常谓酒迷、色迷、财迷，与书迷实同一意义。酒迷为酒所迷，色迷为色所迷，财迷为财所迷，而书迷亦同样为书所迷，换言之，即为书所役。图书馆之设置，对此点须特别注意，不然即失去图书馆之真意义矣。"他后来又说："中国有三种呆子：书呆子、工呆子、钱呆子。书呆子是读死书，死读书，读书死。工呆子是做死工，死做工，做工死。钱呆子是赚死钱，死赚钱，赚钱死。对于书呆子我是劝他们少读点书，多干点有意义的事，免得呆头呆脑。因此，我从前在晓庄办了一个图书馆，叫作'书呆子莫来馆'。但是一方面叫书呆子不要来，一方面为什么又要图书馆呢？要叫工呆子、钱呆子多看些书，把头脑弄得清楚一点，好把世界的事看个明白。但书是一种工具，只可看，只可用。看也是为着用，为解决问题。断不可以呆读。认清这一点，书是最好的东西，有好书，我们就受用无穷了。正是：'用书如用刀，不快自须磨，呆磨不切菜，何以见婆婆。'"

书呆子莫来馆有藏书两万多册，在当时的南京的学校图书馆中是很具规模的，但据说书的排列十分杂乱。一次，两位学生初到图书馆，对于排在架上的书十分失望。正巧在馆的陶行知看到，他立即帮助学生在书堆里找，找出了不少好书。原来，在当局查禁下，很多书都成为禁书，图书馆不得不将书杂乱堆放以逃避检查。

1930 年 4 月，国民党政府以"勾结叛逆，图谋不轨"为借口取缔了晓庄学校，书呆子莫来馆当然也就不复存在。但陶行知不会止步，他依然努力于平民教育事业。1931 年他来到上海，先后创办了"山海工学团""晨更工学团""劳工幼儿团"，首创"小先生制"，成立"中国普及教育助成会"，开展"即知即传"的普及教育运动。他还发动社会人士捐赠图书一万余册办了一所"萧场流动儿童图书馆"，用流动图书车送书到各点巡回借阅。1938 年，他在香港创办中华业余学校的同时，还创办了学校附属的"三位一体图书馆"（所谓"三位一体"即既是看书人，又是捐书人，又是馆主人）。1939 年，他在重庆创办育才学校，专门在抗战难童之中选拔有特殊才能的孩子进行培养。育才学校也附设图书馆，为保证艰苦条件下师生们也能有足够的"精神食粮"，陶行知规定"购置图书的钱不能少于买米的百分之二十"。除自行购书之外，图书馆还采取了向附近各地之公私图书馆借书，代管私人图书，接受捐书等办法增加馆藏。经过努力，图书馆已收集到包括《二十五史》《古今图书集成》《万有文库》等图书数千册，到 1944 年，图书馆总藏书量已达两万册以上。

1946 年 7 月 25 日，陶行知因脑溢血去世，年仅 55 岁。现今，陶行知家乡的崇一学堂已改为陶行知纪念馆。馆内主厅悬挂着宋庆龄女士所题匾额，上书"万世师表"。墙上还悬挂着陶行知自己的题字："我是一个中国人，要为中国作一些贡献。"

# 抗战时期夏衍力推中国电影走向海外

赵曰茂

在新加坡出版的《南洋周刊》1939 年 7 月 24 日第 55 期，刊载了夏衍的一篇文章《中国电影到海外去》。作者开头说：

在今年 4 月出版的日本电影杂志《映画评论》里，有一个"日本电影海外输出"问题的特辑，但是我看完了那个特辑的几篇文章和座谈会记录，觉得他们对于"海外输出"这个问题的前途，依旧估计得相当悲观。

他指出：日本电影界在这里谈论的，还不是企望输出直接宣传中日战争"建立东亚新秩序"的影片，就连一些描写日本的人情风俗、历史，乃至"女人和孩子"的影片，也很难向尚在国际上保持中立的欧美国家输出。其根本原因不在于日本电影制作技术的相对落后和欧战社会动荡所造成的娱乐业萧条，而是"日本帝国主义的侵华战争已经在全世界大众的心底，留下了一个不能磨灭的罪恶和耻辱的印象"。至于战争片更不要说，当年（1939 年）在第七届意大利威尼斯国际电影节获大奖的日本影片《五个斥候兵》（又译《五个侦察兵》），也很难向海外发展，只好自己哀叹："这只是盟邦意大利的一种国际上的礼仪。"夏衍继续评论说："电影是大众艺术，所以反大众心理的作品，即使技巧超过欧美，也是无法可以勉强使大众接受的。"

他在这里又联系到中国国产电影的问题，认为：

中国和日本在电影海外输出这一个问题上，正站在完全相反的立场，日本帝国主义受着全世界大众的排斥和反对，我们中国的抗战却受着全世界的拥护和同情，所以我们的反侵略影片，假使能够有计划地输出，一定可以获得欧美大众的欢迎。在过去，不是几部短短的新闻片也能轰动了美国吗？我希望主持国际宣传和电影事业有远见的人士立刻注意这个问题，积极利用这个有利的实际和环境，有计划地来制作和输出对欧美人士宣传我们这次圣战的影片。

他还呼吁：

这工作，我们也要积极地争取主动，在好莱坞拍的中国影片，是不能期待他们正确地传达中国人的见解和意志的。我们要自主地在中国摄制专为输出的影片。当然，在这里我们衷心地欢迎着欧美制片家的合作和援助。

夏衍这篇文章在新加坡发表的用意，显然是利用这条四通八达有利的国际渠道，呼吁南洋华侨和欧美进步电影工作者对中国抗战电影给予支持，利用电影所产生的效应，广泛宣传中国全民抗战，从而粉碎日本帝国主义的虚假宣传。事实上，在此期间，中国电影工作者拍摄的新闻纪录片《抗战特辑》等，在新加坡、越南、缅甸，以及英国利物浦和美国、苏联都上映过，在国际上赢得了声誉。许多爱国华侨受到影片鼓舞，纷纷献金捐物，热情支持国内抗战。世界著名的荷兰纪录电影艺术家伊文思不远万里来到中国，深入前线，拍摄了长纪录影片《四万万人民》，在美国、法国、荷兰、比利时等国家放映，受到欢迎。他临走时把自己使用的摄影机和剩余胶片赠送给八路军办事处转往延安。另一位苏联纪录电影导演和摄影师卡尔曼也到前线、大后方，以及陕甘宁边区拍摄了大量素材，编辑成《中国在战斗中》等纪录影片。夏衍的这篇文章就是希望中国电影扩大国际影响，更好地为抗战服务。

《南洋周刊》是爱国侨领陈嘉庚报系的一家报纸型的综合刊物，与新加坡《南洋商报》同步发行，大量刊载国际形势和讨论文化教育等方面的文章，深受南洋侨胞的欢迎。茅盾就曾在他主编的《文艺阵地》上特地发表过一篇散文《〈南洋周刊〉及其他》，对这一刊物予以评述和赞誉。

夏衍的这篇文章随后又发表在 1939 年 9 月 19 日至 20 日的上海《中国艺坛画报》，但囿于当时的报刊环境，不得已而删去了原稿中的"日本帝国主义"、"抗战"、"反侵略"等字眼，但主题思想是明确的。即便如此，竟也引起日本方面的注意，有人操着不流利的上海话向杂志社"提醒"和"关照"，该刊发表了《告一个不相识的读者》、《答读者诸君》的答问后三天，即突然停刊。可见夏衍此文在国内引起了不小的反响。

1947 年初，夏衍受周恩来之命，到新加坡工作，配合胡愈之主持《南侨日报》，担任主笔，宣传中共主张，团结爱国华侨，仍关心电影事业。当中共地下党领导的上海昆仑影业公司出品的描写抗战演剧队经历的故事片《八千里路云和月》到新加坡上映时，正值五四运动 28 周年，夏衍在沙平（胡愈之）主编的《风下》周刊 5 月 3 日第 73 期的"这一周"专栏，以笔名"伯约"发表了《一个推荐》的短评：

这一周，让我们破例一次，在这一栏来向我们的读者推荐一部值得而应该一看的电影。《八千里路云和月》是一部好影片，"好"的意思并不单指明星漂亮，演技高明。

这部影片告诉你，中国前途是有希望的。因为，中国有着千千万万不怕难不怕苦，乃至不惜生命的青年人，在抗战中和抗战后进行着"为人民服务"的工作。在过去我们高唱"中国不会亡"，看了这部影片，我们更加自信："中国一定会强大，中国一定会民主。"

最好在五四前后约你的家族、朋友去看看。这中间表现了真真的"五四精神"，真真地表现了中国人民的勇气和正气。

6 月间，他又指示《南侨日报》社副刊编辑唐瑜和印刷社经理林枫，设法组织一家电影发行机构，支持昆仑影业公司及地下党领导的香港南群影业公司。唐瑜是中国左联盟员，林枫是原星洲实验剧团团长，他们又约了抗战期间金山、王莹领导新中国剧团来南洋演出留下的徐焦萌等，创立了"新联企业有限公司"，在东南亚地区代理发行了《一江春水向东流》《天堂春梦》《遥远的爱》《圣城记》等 20 多部国产进步影片。夏衍还出席了 1948 年 2 月《一江春水向东流》在新加坡上映的座谈会。这些影片在东南亚各国上映时盛况空前，仅《一江春水向东流》在泰国曼谷三家影院同时上映，连映两个多月。这一工作所起到的强烈宣传作用和重大影响自不待言，夏衍也以近距离体察到海外华侨对国产影片的热爱，不仅实践了他对中国电影海外输出的理念，而且为中国国产电影的海外输出提供了充实的经验和正确指导。

# 怀李叔同先生

———

丰子恺

## 最有权威的音乐教师

距今 29 年前，我 17 岁的时候，最初在杭州的浙江省立第一师范学校里见到李叔同先生，即后来的弘一法师。那时我是预科生，他是我们的音乐教师。我们上他的音乐课时，有一种特殊的感觉：严肃。摇过预备铃，我们走向音乐教室，推进门去，先吃一惊：李先生早已端坐在讲台上。以为先生总要迟到而嘴里随便唱着、喊着、笑着、骂着而推进门去的同学，吃惊更是不小。他们的唱声、喊声、笑声、骂声以门槛为界限而忽然消失。接着是低着头、红着脸，去端坐在自己的位子里。端坐在自己的位子里偷偷地仰起头来看看，看见李先生高高的瘦削的上半身穿着整洁的黑布马褂，露出在讲桌上，宽广得可以走马的前额，细长的凤眼，隆正的鼻梁，形成威严的表情。扁平而阔的嘴唇两端常有深涡，显示和蔼的表情。这副相貌，用"温而厉"三个字来描写，大概差不多了。讲桌上放着点名簿、讲义以及他的教课笔记簿、粉笔。钢琴衣解开着，琴盖开着，谱表摆着，琴头上又放着一只时表，闪闪的金光直射到我们的眼中。黑板（是上下两块可以推动的）上早已清楚地写好本课内所应写的东西（两块都写好，上块盖着下块，用下块时把上块推开）。在这样布置的讲台上，李先生端坐着。坐到上课铃响出（后来我们知道他这脾气，上音乐课必早到。故上课铃响时，同学早已到齐），他站起身来，深深地一鞠躬，课就开始了。这样地上课，空气严肃得很。

有一个人上音乐课时不唱歌而看别的书，有一个人上音乐课时吐痰在地板上，以为李先生看不见的，其实他都知道。但他不立刻责备，等到下课后，他用很轻而严肃的声音郑重地说："某某等一等出去。"于是这位某某同学只得站着。等到别的同学都出去了，他又用轻而严肃的声音向这某某同学和气地说："下次上课时不要看别的书。"或者："下次痰不要吐在地板上。"说过之后他微微一鞠躬，表示"你出去吧"。出来的人大多脸上发红。又有一次下音乐课，最后出去的人无心把门一拉，碰得太重，发出很大的声音。他走了数十步之后，李先生走出门来，满面和气地叫他转来。等他到了，李先生又叫他进教室来。进了教室，李先生用很轻而严肃的声音向他和气地说："下次走出教室，轻轻地关门。"就对他一鞠躬，送他出门，自己轻轻地把门关了。最不易忘却的，是有一次上弹琴课的时候。我们是师范生，每人都要学弹琴，全校有五六十架风琴及两架钢琴。风琴每室两架，给学生练习用；钢琴一架放在唱歌教室里，一架放在弹琴教室里。上弹琴课时，十数人为一组，环立在琴旁，看李先生范奏。有一次正在范奏的时候，有一个同学放了一个屁，没有声音，却是很臭。钢琴及李先生数十同学全部沉浸在亚莫尼亚气体中。同学大多掩鼻或发出讨厌的声音。李先生眉头一皱，管自弹琴（我想他一定屏息着）。弹到后来，亚莫尼亚气散光了，他的眉头方才舒展。教完以后，下课铃响了。李先生立起来一鞠躬，表示散课。散课以后，同学还未出门，李先生又郑重地宣告："大家等一等去，还有一句话。"大家又肃立了。李先生又用很轻而严肃的声音和气地说："以后放屁，到门外去，不要放在室内。"接着又一鞠躬，表示叫我们出去。同学都忍着笑，一出门来，大家快跑，跑到远处去大笑一顿。

李先生用这样的态度来教我们音乐，因此我们上音乐课时，觉得比上其他一切课更严肃。同时对于音乐教师李叔同先生，比对其他教师更敬仰。那时的学校，首重的是所谓"英、国、算"，即英文、国文和算学。在别的学校里，这三门功课的教师最有权威，而在我们这师范学校里，音乐教师最有权威，因为他是李叔同先生的缘故。

## 从翩翩公子到法师，样样认真

李叔同先生为什么能有这种权威呢？不仅因为他学问好，不仅因为他音乐好，主要的还是因为他态度认真。李先生一生的最大特点是"认真"。他对于一件事，不做则已，要做就非做得彻底不可。

他出身于富裕之家，他的父亲是天津有名的银行家。他是第五位姨太太所生。父亲生他时，年已 68 岁。他五岁丧父，又逢家庭之变，青年时就陪他的生母南迁上海。在上海南洋公学读书奉母时，他是一个翩翩公子。当时上海文坛有著名的沪学会，李先生应沪学会征文，名字屡列第一。从此他就为沪上名人所器重，而交游日广，终以"才子"驰名于当时的上海。所以后来他母亲死了，他赴日本留学的时候，作一首《金缕曲》，词曰：

披发伴狂走。莽中原暮鸦啼彻几株衰柳。破碎河山谁收拾，零落西风依旧。

便惹得离人消瘦。行矣临流重太息，说相思刻骨双红豆。愁黯黯，浓于酒。

漾情不断淞波溜。恨年年絮飘萍泊，遮难回首。二十文章惊海内，毕竟空谈何有！

听匣底苍龙狂吼。长夜西风眠不得，度群生那惜心肝剖！是祖国，忍孤负！

读这首词，可想见他当时豪气满胸，爱国热情炽盛。他出家时把过去的照片统统送我，我曾在照片中看见过当时在上海的他：丝绒碗帽，正中缀一方白玉，曲襟背心，花缎袍子，后面挂着胖辫子，底下缀带扎脚管，双梁厚底鞋子，头抬得很高，英俊之气，流露于眉目间。真是当时上海一等的翩翩公子。这是最初表示他的特性：凡事认真。他立意要做翩翩公子，就彻底地做一个翩翩公子。后来他到日本，看见明治维新的文化，就渴慕西洋文明。他立刻放弃了翩翩公子的态度，改做一个留学生。他入东京美术学校，同时又入音乐学校。这些学校都是模仿西洋的，所教的都是西洋画和西洋音乐。李先生在南洋公学时英文学得很好；到了日本，就买了许多西洋文学书。他出家时曾送我一部残缺的原本《莎士比亚全集》，他对我说："这书我从前细读过，有许多笔记在上面，虽然不全，也是纪念物。"由此可以想见他在日本时，对于西洋艺术全面进攻，绘画、音乐、文学、戏剧都研究。后来他在日本创办春柳剧社，纠集留学同志，共演当时西洋著名的悲剧《茶花女》（小仲马著）。他自己把腰束小，扮作茶花女，粉墨登场。这照片，他出家时也送给我，一向归我保藏；直到抗战时为兵火所毁。现在我还记得这照片：卷发，白的上衣，白的长裙拖着地面，腰身小到一把，两手举起托着后头，头向右歪侧，眉峰紧蹙，眼波斜睨，正是茶花女自伤命薄的神情。另外还有许多演剧的照片，不可胜记。这春柳剧社后来迁回中国，李先生就脱出，由另一班人去办，便是中国最初的"话剧"社。由此可以想见，李先生在日本时，是彻头彻尾的一个留学生。我见过他当时的照片：高帽子、硬领、硬袖、燕尾服、史的克、尖头皮鞋，加之长身、高鼻，没有脚的眼镜夹在鼻梁上，竟活像一个西洋人。这是第二次表示他的特性：凡事认真。学一样，像一样。要做留学生，就彻底地做一个留学生。

他回国后，在上海太平洋报社当编辑。不久，就被杭州师范请去教图画、音乐。后来又应南京高等师范之聘，同时兼任两个学校的课，每月中半个月住南京，半个月住杭州。两校都请助教，他不在时由助教代课。我就是杭州师范的学生。这时候，李先生已由留学生变为"教师"。这一变，变得真彻底：漂亮的洋装不穿了，却换上灰色粗布袍子、黑布马褂、布底鞋子。金丝边眼镜也换了黑的钢丝边眼镜。他是一个修养很深的美术家，所以对于仪表很讲究。虽然布衣，却很称身，常常整洁。他穿布衣，全无穷相，而另具一种朴素的美。你可想见，他是扮过茶花女的，身材生得非常窈窕。穿了布衣，仍是一个美男子。"淡妆浓抹总相宜"，这诗句原是描写西子的，但拿来形容我们李先生的仪表，也很适用。今人侈谈"生活艺术化"，大多好奇立异，非艺术的。李先生的服装，才真可称为生活的艺术化。他一时代的服装，表出着一时代的思想与生活。各时代的思想与生活判然不同，各时代的服装也判然不同。布衣布鞋的李先生，与洋装时代的李先生、曲襟背心时代的李先生，判若三人。这是第三次表示他的特性：凡事认真。

我二年级时，图画归李先生教。他教我们木炭石膏模型写生。同学一向描惯临画，起初无从着手。40 余人中，竟没有一个人描得像样的。

后来他范画给我们看。画毕把范画揭在黑板上。同学们大多看着黑板临摹。只有我和少数同学，依他的方法从石膏模型写生。我对于写生，从这时候开始发生兴味。我到此时，恍然大悟，那些粉本原是别人看了实物而写生出来的。我们也应该直接从实物写生入手，何必临摹他人，依样画葫芦呢？于是我的画进步起来。此后李先生与我接近的机会更多。因为我常去请他教画，又教日本文。以后李先生的生活，我所知道的较为详细。他本来常读性理的书，后来忽然信了道教，案头常常放着道藏。那时我还是一个毛头青年，谈不到宗教。李先生除绘事外，并不对我谈道。但我发现他的生活日渐收敛起来，仿佛一个人就要动身赴远方时的模样。他常把自己不用的东西送给我。他的朋友日本画家大野隆德、河合新藏、三宅克已等到西湖来写生时，他带了我去请他们吃一次饭，以后就把这些日本人交给我，叫我引导他们（我当时已能讲普通应酬的日本话）。他自己就关起房门来研究道学。有一天，他决定入大慈山去断食，我有课事，不能陪去，由校工闻玉陪去。数日之后，我去望他。见他躺在床上，面容消瘦，但精神很好，对我讲话，同平时差不多。他断食共十七日，由闻玉扶起来，摄一个影，影片上端由闻玉题字："李息翁先生断食后之像，侍子闻玉题。"这照片后来制成明信片分送朋友。像的下面用铅字排印着："某年月日，入大慈山断食十七日，身心灵化，欢乐康强——欣欣道人记。"李先生这时候已由"教师"一变而为"道人"了。学道就断食十七日，也是他凡事"认真"的表示。

但他学道的时候很短。断食以后，不久他就学佛。他自己对我说，他的学佛是受马一浮先生指示的。出家前数日，他同我到西湖玉泉去看一位程中和先生。这程先生原来是当军人的，现在退伍，住在玉泉，正想出家为僧。李先生同他谈得很久。此后不久，我陪大野隆德到玉泉去投宿，看见一个和尚坐着，正是这位程先生。我想称他"程先生"，觉得不合。想称他法师，又不知道他的法名（后来知道是弘伞）。一时周章得很。我回去对李先生讲了，李先生告诉我，他不久也要出家为僧，就做弘伞的师弟。我愕然不知所对。过了几天，他果然辞职，要去出家。出家的前晚，他叫我和同学叶天瑞、李增庸三人到他的房间里，把房间里所有的东西送给我们三人。第二天，我们三人送他到虎跑。我们回来分得了他的"遗产"，再去望他时，他已光着头皮，穿着僧衣，俨然一位清癯的法师了。我从此改口，称他为"法师"。法师的僧腊二十四年。这二十四年中，我颠沛流离，他一贯到底，而且修行功夫愈进愈深。当初修净土宗，后来又修律宗。律宗是讲究戒律的。一举一动，都有规律，严肃认真之极。这是佛门中最难修的一宗。数百年来，传统断绝，直到弘一法师方才复兴，所以佛门中称他为"重兴南山律宗第十一代祖师"。他的生活非常认真。举一例说：有一次我寄一卷宣纸去，请弘一法师写佛号。宣纸多了些，他就来信问我，余多的宣纸如何处置？又有一次，我寄回件邮票去，多了几分。他把多的几分寄还我。以后我寄纸或邮票，就预先声明：余多的送与法师。有一次他到我家，我请他藤椅子里坐，他把藤椅子轻轻摇动，然后慢慢地坐下去。起先我不敢问。后来看他每次都如此，我就启问。法师回答我说："这椅子里头，两根藤之间，也许有小虫伏着。突然坐下去，要把它们压死，所以先摇动一下，慢慢地坐下去，好让它们走避。"读者听到这话，也许要笑，但这正是做人极度认真的表示。

如上所述，弘一法师由翩翩公子一变而为留学生，又变而为教师，三变而为道人，四变而为和尚。每做一种人，都做得十分像样。好比全能的优伶：起青衣像个青衣，起老生像个老生，起大面又像个大面……都是"认真"的缘故。

现在弘一法师在福建泉州圆寂了。噩耗传到贵州遵义的时候，我正在束装，将迁居重庆。我发愿到重庆后替法师画像一百帧，分送各地信善，刻石供养。现在画像已经如愿了。我和李先生在世间的师弟尘缘已经结束，然而他的遗训——认真——永远铭刻在我心头。

1943 年 4 月，弘一法师圆寂后 167 日，作于四川五通桥客寓。

（本文摘自《弘一大师遗墨》，华夏出版社，1987 年版）

# 曹禺与恩师张彭春

张 帆[*]

今年 9 月 24 日是我国伟大的剧作家曹禺诞辰 100 周年纪念日。在过去的几十年里，专家学者对曹禺及其作品的研究已硕果累累，但对于曹禺学生时代的研究颇少。那么，是谁发现了曹禺的戏剧才华并指引他走上戏剧创作的道路呢？有一种说法很少有人提起，那就是没有张彭春就没有曹禺。

## 在南开带周恩来演话剧

曹禺在南开学校就读时曾参加过南开新剧团，演过戏，张彭春是这个剧团的负责人，也是导演。这些，圈里人大约都知道，但若说"没有张彭春就没有曹禺"，起码我在北京人艺的几十年里没有听到过这种说法。带着这个问题，我查阅了大量的南开史料，特别是有关曹禺在南开

* 张帆，北京人艺艺术委员会委员。

的经历。真是"不看不知道，一看明白了"。

张彭春，天津人氏，1892 年生，长曹禺 18 岁。从年龄上讲，毫无疑问张是他的前辈。

张彭春 1908 年毕业于他哥哥张寿春（即张伯苓先生）开办的南开中学。1910 年，也就是曹禺出生的那一年，张以优异的成绩与胡适、竺可桢等一起考取清华第二届"庚款"留学生，入美国克拉克大学。张先生在获得文学学士学位后又转入哥伦比亚大学，专门研究欧美现代戏剧，1915 年获得文学硕士和教育学硕士双学位。1916 年，张彭春回天津南开学校担任专门部（即中学部或中专部）主任，并兼任南开新剧团首任副团长（团长为时趾周先生）。

这一年，曹禺才六岁，正在天津读小学。

其实，早在 1909 年，南开学校就开始演出话剧。第一部演出的新剧是《用非所学》，编导为张伯苓。这次演出只比春柳社的《黑奴吁天录》晚两年，可见南开的话剧运动开展之早——几乎与中国话剧同步。

1919 年，张彭春第二次赴美深造，1923 年获哥伦比亚大学博士学位。回国后，张彭春与其他同人筹办清华大学并任教务长，由此可以说他是清华大学的创办人之一。1926 年，他离开清华返回天津，继续任南开中学部主任，兼任南开大学教授。从 1916 年到抗日战争爆发的 20 年，张彭春大部分时间都是协助其兄张伯苓主持南开的校务工作和南开新剧团的工作。他先后编译多部话剧并自任导演，演出比较成功的剧目有《娜拉》《国民公敌》《争强》《财狂》《新村正》等。他还培养了一代又一代的戏剧人才，其中最出色的就是曹禺（时名万家宝）。在曹禺之前，周恩来也是他得意的学生。

1930 年和 1935 年，梅兰芳率团分别赴美国及苏联演出，张彭春均任梅剧团的总导演和随团艺术顾问。他用娴熟的英语向完全不懂京剧的

美国和苏联观众详尽地介绍剧本内容及京剧的表现形式，同时他还建议
梅先生精练剧本，减少纯交代性的场次，废除捡场，净化舞台等。他的
这些建议完全被梅先生采纳，演出获得了极大的成功。梅先生高兴地称
赞张："干话剧的朋友真正懂京剧的不多，可是张彭春却是京剧的大
行家！"

抗日战争爆发之后，南开大学遭日军轰炸，张彭春被迫离开天津，
取道威海奔赴南京。不久，应国民政府的委派，两次赴美宣传抗日，争
取外援，并在美发起组织"不参加日本侵略委员会"。1940 年，张彭春
出任中国驻土耳其公使，从此舍弃了他酷爱的话剧事业，转而从事外交
活动。1942 年，他又被调任中国驻智利大使。1946 年赴伦敦，任联合
国创办会议之中国代表并参与起草《世界人权宣言》。1947 年 3 月，他
出任联合国新闻自由会议中国代表团的首席代表。1952 年因病辞职。
1957 年 7 月，张彭春因心脏病突发病逝于美国，终年 65 岁。

张彭春先生的一生有三大鲜为人知的了不起的成就：其一，他编写
的话剧《入侵者》《灰衣人》和《醒》是我国最早的原创话剧本（而春
柳社演出的《黑奴吁天录》和《茶花女》，前者是改编，后者是译本）。
其二，他对我国近代教育的发展贡献良多，不但一直协助其兄张伯苓主
持南开学校的工作，还是清华大学的创办者之一。其三，他又是杰出的
外交家，而且是联合国世界卫生组织的发起人之一。

## "他是第一个启发我接近戏剧的人"

曹禺于 1922 年秋入南开中学读书，1930 年，曹禺离开南开入清华
大学学习。除去其间曾因病休学一年，曹禺在南开学校大约生活和学习
了六七年。

1914 年 11 月，南开新剧团成立（周恩来被推选为布景部副部长）。

曹禺进入南开中学时才 13 岁，尚不可能加入新剧团，但他看了许多新剧团演出的剧目，如《晨光》《一念差》《一元钱》《圣诞故事》《新官上任》《新村正》《乡愚进府》《热心之果》《威尼斯商人》《情医》《少奶奶的扇子》及《孔雀东南飞》等，这些戏绝大多数由张彭春先生导演，其中《新村正》的剧本出自张彭春先生之手（1934 年 10 月庆祝南开学校成立 30 周年时，彭春先生又请曹禺和他一起对该剧进行了修改，而后重演）。曹禺非常喜欢《少奶奶的扇子》（洪深根据英国著名剧作家的《温德米尔夫人的扇子》改编）这个剧本，他虽未参加演出，但他平时总将剧本带在身上，随时翻阅，以至于把剧本都揉破了。

1925 年，曹禺加入南开新剧团并参加了《织工》的演出，他说"这个戏给我很大影响"，"演剧活动使我晓得了观众喜欢看什么，不喜欢看什么，需要看什么，不需要看什么"。

1927 年，在张彭春的指导下，曹禺参加了丁西林的《压迫》、田汉的《获虎之夜》、易卜生的《国民公敌》的排演。尤其是《压迫》，曹禺在此剧中饰女房客，表演非常出色。史料上这样记载："（家宝）君的艺术天才加以张彭春先生的导演，一举一动惟妙惟肖，滑稽拆白，尽观台上，可称得全场中之明星。"（《南开周刊》第 38 期）

1928 年 3 月，从《南开双周》第一卷第一期起，曹禺开始任戏剧组编辑。任该组编辑的还有张联沛和张彭春。师生同在一组当编辑，这充分体现了张彭春对曹禺的器重和提携。

是年 3 月，为纪念易卜生百年诞辰，南开新剧团上演《刚愎的医生》（即《国民公敌》），仍由张彭春导演。史料云："铃声再响，毡幕徐开，于是新剧团诸位一个个粉墨登场，观众大家，人人屏息静气，恍如置身台上。幕幕精彩，处处动人。感情随演员而时易，精神与剧情以俱变。终于钟敲十一，绣幕徐闭，数千观众才茫茫然不胜留恋地离开座位。"

　　10 月，适逢南开 24 周年校庆，张彭春又导演了易卜生的《娜拉》，曹禺主演娜拉。《南开双周》载文说："此剧意义极深，演员颇能称职，最佳者是两位主角万家宝君及张平群先生，大得观众之好评。"

　　1929 年 10 月，曹禺和张彭春有一次十分关键的合作——共同改编了英国著名剧作家约翰·高尔斯华绥的《争强》一剧，将此剧中国化。该剧讲述的是某矿罢工已三月，劳资双方损失甚大，为得复工，工人及董事双方各有一名强硬之领袖谈判，双方毫不让步，各走极端；后双方皆不能忍受，各自推翻自己的领袖，于是一场风波始告终止。该剧由张彭春导演，曹禺主演，饰演大成铁矿董事长安敦一，有五六十人参加演出，布景和灯光均创南开演剧史之最，甚至有评论说："此次公演，不但打破本校新剧以往纪录，恐在今日之全国中，无能伯仲者，诚导演张彭春先生之成功也。"还有评论说："该剧业经（张彭春、曹禺）按中国情形改译，幕幕精彩，词句警人，布景特别伟丽，配光之设置，尤为该团以往之所无。此次男女团员合演此剧，有空前之成就也。"

　　这是 37 岁的老师和 19 岁的学生之间的一次全面合作，张彭春和曹禺也由师生关系之外，又加了一层合作者的关系，彰显出张彭春对曹禺的喜爱和殊宠之情，同时也让人们看到了曹禺的成熟和才华的展现，可谓名师与高徒之间的合作。

　　上述许多戏，并非南开新剧团演出史上稍纵即逝的过眼烟云，而是保留节目，许多戏年年排、年年演，有时一年演好多场，这对曹禺来说，无疑是非常好的锻炼。

　　《争强》首演之后，张彭春赴美讲学，临行前他将一套英文版的《易卜生全集》送给了曹禺。在字典的帮助下，曹禺通读了一遍，收获颇丰。

　　尽管曹禺在南开新剧团主演了《娜拉》《争强》这样的大戏，但他很快发现自己不适合演戏。他最终放弃了这条路，转而专心研究戏剧创作。然而，曹禺深有体会地说："我觉得一个写戏的人如果会演戏，写起来就会知道演过戏的好处。"这好处是什么？就是能使人懂戏，懂得一出戏哪儿有戏，哪儿没戏；懂得什么是有戏则长，无戏则短；懂得如何组织戏剧冲突观众就喜欢，以及懂得什么是舞台语言；等等。

曹禺的文学、戏剧创作也是从南开学校开始的。他的作品第一次变成铅字见诸报端的是小说《今宵酒醒何处》，连载于天津《庸报》"玄背"副刊上，此时，他开始使用"曹禺"的笔名。"曹禺"二字是将繁体"万"字上下拆开而成，即"艹"和"禺"，"艹"即"草"也，他用了谐音字"曹"，故名曹禺，其意仍为"万"。以后，他翻译了莫泊桑的小说《房东太太》和《一个独身者的零零碎碎》，发表于《国闻周刊》之上。不久，他又担任了《南开双周》的戏剧编辑，经他编辑发表的剧作有《压迫》《疯人的世界》等。他还改译过两个外国独幕剧本《太太》和《冬夜》，并发表在《南大周刊》上。他的这些兴趣爱好也都是因为接受南开新剧团的影响和张彭春先生的指教，从而渐渐地踏上了戏剧创作的道路。曹禺曾这样说过："我的青少年时代可以说是在这个极可爱的团体（南开新剧团）里度过的。在有学识、有才能的导演和第一任团长张彭春老师十分严格的指导教育下，我跟同学们和比我大一二十岁的老师们，编演了相当多的话剧。从此我开始明白为什么演戏，怎样演戏，甚至于如何写剧本的种种学问。""彭春老师通过导演、演出、不断地指导，教给我认识国内外许多戏剧大师。我时常怀念他在南开中学礼堂后台和校长会议室排戏的情景。他为我们专心排练，那样认真，甚至有一种严肃的战斗气息。我将永远不能忘记张彭春先生的恩情。"也正因为如此，在他的代表作《雷雨》的"序"中，他写道：献给我的导师张彭春先生，他是第一个启发我接近戏剧的人。

# 回忆林海音旧事片段

————

**万慧芬**

## 家住城南的往事

众所周知，林海音是台湾著名作家，是脍炙人口的电影《城南旧事》的作者。她原名叫林含英，是我大姐万德芬在北平春明女中（位于宣外菜市口）的同窗好友、电影《城南旧事》中小英子的原型。那时，我家住在城南宣外香炉营四条，林含英大姐家住在城南宣外南柳巷胡同。她与夏承楹结婚后，婆家也在城南，在宣外永光寺街，相距很近。我姐姐经常带我们去林大姐家，她也经常来我家，所以我们关系很好，我总是亲切地称她"林姐"。

林海音的祖籍是台湾苗栗，但她出生在日本大阪，5 岁时随父母移居北平。她小学就读于北师大第一附小（《城南旧事》中称厂甸小学），中学就读于北平春明女中（她的同窗好友有：黎颖，名指挥家李德伦的胞姐；著名演员白杨；京剧艺术家余叔岩的女儿余慧文、余慧清以及我的姐姐万德芬等）。林海音中学毕业后，考取了新闻专科学校，其后她任北平世界日报社记者、编辑，也曾在北师大图书馆工作过。

林海音雍容美丽、端庄典雅，又聪颖谦和、能干贤淑。她平时穿的漂亮时尚的衣服，大多是她自己亲手改做或缝制的。1939 年 5 月，林海音和夏承楹先生在北平东单三条协和礼堂举行盛大婚礼，我姐姐和我应邀参加。我对当时的盛况印象深刻、记忆犹新。

婚后，林海音一直住在夫婿家，直到 1946 年，她和夏承楹才搬到南长街，自己组织小家庭独立居住。自抗战胜利后，林海音的母亲就不断收到台湾家人的来信，要他们到台湾居住。直到 1948 年底，林姐才跟随母亲携带儿女去了台湾，1990 年才重返北京。

## 在北海的溜冰场上

光阴似箭、岁月流逝，我如今已成为年逾 80 岁的耄耋老人了，而林大姐已于几年前驾鹤西去。但是，70 年前北海滑冰场上的往事我依然记忆犹新、难以忘怀。

当年，北京漪澜堂滑冰场是对公众开放的滑冰场地。那里是用席子圈起来的一个大滑冰场，顺着漪澜堂的回廊用席子搭建了一个大长棚，供滑冰者坐在回廊的长椅上换穿衣服和滑冰鞋。然后，滑冰者再从大席棚的几个出口滑向冰场。另在回廊的两端还设有存物处，供滑冰者存放衣物。

当年，林海音和夏承楹先生都是滑冰场上的高手。在北海滑冰场上，他俩的姿态飒爽优美，漂亮的冰上舞步使我惊叹佩服，冰场上正在滑冰的青年男女也都驻足观看、赞美鼓掌。

## 怀念和眷恋老北平

林海音自 5 岁始一直在北京生活、上学和工作，然后结婚成家、生育儿女，前后长达 26 年。因此，她对北京有深厚的感情，特别是对北京城南更具有特殊的感情。这在她的富有京味的文学作品和《城南旧事》的电影中都充分反映和展现了出来。我听说，在她阔别北京 41 年重返北京后，在侄辈们的陪伴下，她寻访了北师大附小校园和当年上课的教室，也寻访了春明女中的旧校址，追访为数不多的仍健在的同窗好友，她还寻访在北京居住过的九处旧居，并拍照留念。

林海音在台湾的 41 年间，勤奋努力，已成为台湾的著名作家。她自己创办了纯文学出版社，撰写出版了大量文学作品和书籍。虽然她在台湾声誉颇高，但她仍然眷恋老北平的习俗和餐饮，也非常怀念北京的亲朋好友。在我们重新联系上后，她急切地与我互通信息、询问她关心的人与事。每次回信，她都是亲自执笔，并邮寄她的著作，还给我寄来她全家的照片，等等。

1993 年，林海音应邀回北京参加中国文联主办的"台湾当代著名作家代表作大系首发式座谈会"。她在北京亲朋好友很多，但时间短、日程多。怎么办？她安排了一种省时间、有实效的独特方式来会晤北京的亲朋好友。她委托在京的侄辈在菜市口南来顺饭庄预订了几桌席位，并按她列出的名单，在她抵京的第二天邀请她的亲朋好友参加晚宴。我也应邀参加了。在晚宴上，我见到阔别 40 年的林含英大姐。她风采依旧，仍然是那么漂亮端庄，只是略胖一些，听到她说北京话，备感亲切。我仍称她"含英大姐"，她也询问我许多家长里短的事，我们叙谈与留影。这场晚宴非同寻常，没有大餐菜肴，都是具有北京特色的小吃，例如豌豆黄、驴打滚、艾窝窝、豆汁、肉末烧饼、涮羊肉和爆肚，等等。

## 心系新中国的现代文学事业

1990 年，林海音首次重返北京。她一直心系新中国，关心现代文学事业。在紧张的活动日程中，林海音仅提出要参观现代文学馆。在舒乙馆长的安排下，由萧乾先生和文洁若夫人亲自陪同，她专门参观了中国现代文学馆。她看到馆内关于台湾文学方面的书籍太少了，很不齐全，当即允诺要尽力填补这方面的空白。她回到台湾后，不仅给中国现代文学馆邮寄了 4 大箱共 202 本纯文学出版社出版的全套台湾文学图书，还动员台湾的文学出版社同行也给中国现代文学馆捐赠图书。这批图书极大地充实和丰富了现代文学馆的台湾文学书库，使之成为一个颇具权威性的台湾文学资料中心。

1993 年 11 月 16 日，"台湾当代著名作家代表作大系首发式座谈会"在北京召开，有 10 位台湾著名作家参加了这次活动，每位作者有一本代表作，林海音的代表作是《金鲤鱼的百褶裙》。这次座谈会由中国现代文学馆舒乙馆长主持，张锲、萧乾和浩然等文学界领导和名人参加会议并讲话。

在座谈会上，林海音大姐以颇幽默风趣的话，逐一介绍她的亲朋好友。她介绍一位 70 多岁的女友说："她是我结婚时的伴娘许多小姐，她多次给朋友当伴娘，给新婚夫妇带来幸福，但她自己却终身未嫁。"她介绍女友吴金玉说："她是我在春明女中的同窗好友。"她介绍我说："她是我中学好友的妹妹万慧芬，是搞翻译工作的，我们是老相识了，当年她还是十多岁的小姑娘呢。"她介绍成思危（时任化工部副部长，老报人成舍我之子）说："他是我从小抱着长大的。"成思危副部长微笑点头称是。

在座谈会上，林海音还分别给与会者郑重签名赠书。她的赤诚于心、奉献于行的赤子言行令人敬佩。在林海音的《金鲤鱼的百裥裙》一书中，冠有顾问冰心、萧乾、林海音之名。林海音大姐对我说："中国文联要我当顾问，我就不能只顾不问，我要既顾又问。"短短的这句话，明确地表现出她想为新中国现代文学事业实实在在、认认真真作出点贡献的愿望。在首发式座谈会上，我看见林海音与张锲、萧乾和舒乙等人频频交谈，交换意见。当时，冰心老人因年事已高，未能莅临这次首发式座谈会。会后，林海音在有关人员陪同下，专程去冰心老人的寓所拜访，看望这位著名的老作家，晤谈甚欢。

这就是对我一直崇敬的林海音大姐的片段回忆。我深记与她之间难忘的交往和情谊，也牢记着她对中国现代文学事业的真诚奉献。

永远怀念林海音大姐！

# 我与巴金的世界语情缘

———
侯志平

巴金先生是我国著名的作家、翻译家，也是知名的社会活动家。他生前曾长期担任中国文联副主席、中国作家协会主席，也曾担任全国政协第六届至第十届副主席，在国内外享有盛誉。1982 年荣获意大利国际但丁奖，1983 年获法国荣誉军团勋章，1990 年获苏联政府授予的"人民友谊勋章"，同年在日本获"国际著名文化人士奖"，2003 年获国务院授予的"人民作家"荣誉称号。巴金在国内外世界语界也享有崇高的威望，他从青年时代起就开始学习世界语，对世界语的激情和钟爱，数十年如一日、从未间断。由于他对我国世界语运动作出过重要贡献，从 1980 年起，他就担任中华全国世界语协会副会长，1988 年以后又改任名誉会长，直到逝世。在中国世界语者眼里，他是世界语理想的象征，也是他们力量的源泉。

## 初识巴金：一个和蔼可亲的老人

我与巴金的交往始于 1980 年。那一年 7 月，巴老率中国世界语代表团出席当年在斯德哥尔摩举行的第 65 届国际世界语大会，回国后他写了一篇《参加国际世界语大会有感》的文章，寄给世界语对外宣传杂志《中国报道》编辑部，由于我时任该杂志世界语专栏的编辑，领导要我来编发这篇文章。除在《中国报道》上发表外，为了增进国内各界对世界语的认识和了解，领导要我将这篇文章转给《人民日报》，建议他们发表。后来《人民日报》海外版给予了转载。事后我将上述情况写信给巴老，向他作了汇报，并感谢他对我们工作和世界语事业的支持，从此我便同巴老有了书信往来。

1981 年 4 月，巴金为参加茅盾的追悼会来到北京，住在西四皇城根南街国务院招待所里。正好我们想在《中国报道》上发表一篇悼念茅盾的文章，想请巴老为我们写一写。于是经他同意，我们编辑部三人和世界语协会两位同志于 4 月 23 日上午 9 点左右来到宾馆巴老的住处。巴老一见到我们，如同久别重逢的朋友，给我们热情地让座。我在大学是学文学专业的，巴老是我仰慕已久的大作家，没有想到他是那样的和蔼可亲、平易近人，使我很快打消了敬畏感。当年巴老已 77 岁，虽过古稀之年，但精神仍然不错。他不善言辞，但谈到世界语，却有说不完的话。除约稿外，我又向他请教一些中国世界语运动历史方面的问题，他很耐心地一一作答。他还应我们的请求，在我们带去他的著作上签名。不知不觉一个多小时就过去了，我们担心影响巴老的休息便起身向巴老告辞。临别前，他还欣然同意和我们在门外合影留念，并坚持要把我们送到招待所的门口，同我们一一握手告别，这使我们非常感动。

同年 12 月 6 日，在北京劳动人民文化宫举行的"世界语之友会"成立大会上，我又见到了巴老。在客厅休息室里，我向巴老表示问候之后，问他："还记得我的名字吗？"没想到他老人家用浓重的四川口音回答："你不是侯志平吗？"一个赫赫有名的大作家，而且已逾古稀之年，竟然见过一次面后就能记住一个普通人的名字，真令我惊奇，也让我感动。

"世界语之友会"是楚图南、胡愈之、巴金、赵朴初、叶圣陶、夏衍、冰心、叶籁士、白寿彝等各界知名人士发起的，在道义上支持世界语的一个组织。第一批参加世界语之友会的各界知名人士有 100 多人，他们中有国家领导人、全国人大代表、政协委员，还有著名作家、艺术家、音乐家、经济学家、科学家、教育家和宗教领袖。巴老在这次会上作了即席发言，他谈了年轻时代学习世界语的过程，以及对世界语本身和世界语前途的认识。他的讲话既令人信服，又给我们极大的鼓舞。

## 再识巴金：一个坚守信仰的世界语家

我所工作的《中国报道》杂志社是一个对外宣传单位，除用世界语出版杂志外，还出版世界语书籍。为了向各国世界语者报道我国世界语运动的光荣历史和中国各界知名人士对世界语的支持，作为世界语专栏的责任编辑，我从 1979 年起就开始研究中国世界语运动的历史。当时，世界语传入中国已有 70 多年，曾经得到毛泽东、周恩来、陈独秀、鲁迅、郭沫若、蔡元培、吴玉章、徐特立等人的支持。从与巴老见面以后，我决心研究巴老与世界语的关系，为此我读了巴老的有关著作，包括《随想录》《巴金日记》《巴金传》《巴金生平人事记》以及他的一些小说、散文、随笔等。

随着读的书籍越多，对巴老的崇敬之情又增加了许多新的内容，其中巴老对世界语理想的坚定信仰和执着追求，对学习、应用、宣传世界语的无私奉献精神特别令我感动。正如著名语言学家陈原先生所说："巴金毕生爱着世界语，他是世界语理想和信念的化身。"巴老曾经这样说过："我一直把世界语看作沟通人类思想感情的良好工具。我热爱世界语六七十年如一日。我所以热爱世界语，不仅是因为它科学、完美、易学、易懂，更由于许多立志学好世界语的人都有美好的理想、高尚的情操、正直的心。"

巴老对世界语的感情贯彻在他一生的行动中。他从1918年（14岁）开始接触世界语后就对世界语产生了浓厚的兴趣。1922年至1925年在南京上学期间，他每天坚持学习一个小时，即使生病，也从不间断。他阅读了世界语创始人柴门霍夫的许多著作和外国名著，这为他掌握世界语奠定了坚实的基础。直到20世纪60年代中期，他还每天坚持听世界语的自修唱片。他一直是《中国报道》的老读者，即使在"文革"受迫害期间，他还经常翻阅《中国报道》，或到外文书店购买世界语书籍。在那个特殊的年代，世界语给他带来了温馨与安宁。

巴金认为世界语是各国文学和文化交流的极好工具，从1928年起，他身体力行从事世界语的翻译工作，把许多外国文学作品介绍到中国来，如俄罗斯阿·托尔斯泰的《丹东之死》、匈牙利尤利·巴基的《秋天里的春天》、日本秋田雨雀的《骷髅的舞蹈》、意大利亚米契斯的《过客之花》等就是通过世界语介绍到中国来的。他一生中通过世界语翻译的外国文学作品达30万字之多，这在中国作家和世界语学者中也是少有的。

巴金对宣传、推广世界语更是不遗余力。20世纪二三十年代，他曾加入过上海世界语学会，做过会刊《绿光》的编辑，发表过许多宣传和研究世界语的文章，他甚至担任过世界语函授学校的教员，为许多青年批改过作业，回答他们提出的各种问题。特别在晚年，他为世界语的宣传和《中国报道》、世界语协会会刊《La Mondo（世界）》付出了许多心血。

作为政协副主席，他要参加一些社会活动；作为作家，他要继续进行写作和翻译。1983 年年末，巴老不幸患了"帕金森氏症"，体力大减，连写字都非常困难。1986 年 1 月，他曾在中国新闻社的新闻稿上发表启事：由于年老多病，为了集中精力写作和翻译，以后不再兼任一切荣誉或名誉职务，不再为别人题词写字，不会客访友。但是为了支持世界语事业，支持《中国报道》对外宣传，他欣然同意担任中华全国世界语协会名誉会长、《La Mondo（世界）》杂志顾问，还兼任上海世界语协会名誉会长，直到他辞世。

为了支持中华全国世界语协会开展国际工作，他同意担任 1986 年在北京举行的第 71 届国际世界语大会国家委员会委员，并发函祝贺。以后又同意担任 1991 年在青岛举行的第 5 届太平洋地区世界语大会监护委员会的名誉主席。每逢《中国报道》和《世界》杂志逢五逢十周年庆典，他都克服巨大的病痛，写信祝贺。1990 年 5 月，他在祝贺《中国报道》创刊 40 周年的贺信中这样深情地写道："我长期患病，行动不便，不能参加庆祝活动，十分抱歉。但我的心总是和你们的心跳动在一起的。你们的火也在我心里燃烧。我愿意为中国世界语运动的发展献出自己微薄的力量。"从这些发自内心的话里，不难看出巴老对世界语的一片真挚感情。

对一般爱好文学的读者来说，许多人并不了解巴金浓浓的世界语情结，即使同巴老熟悉的朋友也未必了解他对世界语的深厚感情。他在《参加国际世界语大会有感》一文中披露说："我去北欧前友人劝我不要参加这次的大会，甚至在动身前一两天，还有人劝阻说：你年纪大了，不应当为这样的会奔波。他们都没有想到这些年我一直关心世界语的问题。经过这次大会我对世界语的信念更加坚定了。我坚信世界语一定会成为全人类公用的语言。"他在另一篇文章《〈春天里的秋天〉世界语译本序》中说："我说过我要为人民友谊的事业贡献出我的晚年，这事业里面也包含着世界语运动吧。"正是坚守这些信念，巴老才全身心地支持世界语事业和世界语运动。从改革开放以来，作为全国世界语协会的领导人，他同胡愈之、叶籁士、陈原一起，制定了新时期世界语运动的一系列的方针、政策，作出了加入国际世界语协会、申办在北京举办国际世界语大会、成立世界语之友会、创办会刊《世界》和中国世界语出版社等重大决议，促进了中国世界语运动的繁荣和发展，开辟了中国世界语运动的新阶段。

## 痛失巴金：世界语界失去了一位伟人

2005 年 10 月 17 日，一代文学大师巴金在上海逝世，享年 101 岁。这不幸的消息传来，引起国内外世界语界的震惊和巨大的悲痛。巴老生前是国际世界语协会荣誉监护委员会委员之一，这是国际世界语界授予他的最高荣誉职务，荣获这一职务的大多是支持世界语的各国政要和知名人士，全世界仅 10 人左右。国际世界语协会主席雷纳托·科尔塞蒂立即发来唁电，代表国际世界语协会表示深切的哀悼。他在唁电中说：有些人是超越时空的，他们是伟人。他们的教诲长存于世，继续与我们同在，不断影响着我们。对于世界语者来说，巴金正是这样的伟人。国际世界语协会副主席 CaudeNoumont、秘书长 UllaLuin、韩国、日本、阿根廷、法国等国的世界语协会和许多世界语者也纷纷来电、来函对巴老的不幸逝世表示哀悼。中国外文局、中华全国世界语协会、《中国报道》杂志社、中国世界语之友会也立即向巴老的家属发了唁电，沉痛悼念他的逝世。唁电说："巴金先生的辞世是中国和国际世界语运动的巨大损失，中国的世界语者将继承发扬巴金先生的爱国主义和国际主义精神，继续推动中国世界语运动向前发展。"《中国报道》电子版、中国国际广播电台世界语广播及时报道了这位伟人的辞世，发表了许多悼念文章。《全国世协通讯》从当年的第 10 期起，连续三期发表了全国世界语者哀悼巴金、学习巴金、走巴金的路的文章，他们为自己的队伍里有巴金这样的真正的伟人而骄傲，为痛失这位伟人而惋惜，他们决心继承巴金的遗志，继续为世界语的伟大事业而奋斗！

## 缅怀巴金：一个值得怀念的人

巴老的一生是在热爱祖国、热爱人民、热爱读者中度过的，他的真诚感动着每一位读者，打动着每一个人的心。他对世界语者也是倾注着一片爱心。早在 1930 年，已故全国世界语协会副秘书长李奈西，当时作为政治犯被关在监狱中，报名参加了上海世界语学会举办的世界语函授班学习世界语，巴金就曾给他批改过作业，并耐心地回答他提出的学习中碰到的问题。1951 年自学世界语的天津青年学生苏阿芒写信求教巴老，他不仅立即函复，鼓励他好好学习世界语，还赠送给他一本自己的新作。"文化大革命"中苏阿芒被错打成"现行反革命"，被关押多年。1979 年平反出狱后，路过上海，巴老又热情地接待了他，并同他合影留念。20 世纪 80 年代以后，尽管他很忙，而且身体很不好，但他仍抽出一些时间给众多的普通世界语者复信，回答他们提出的有关世界语运动史方面的问题，甚至在上海寓所接待了一个又一个的世界语者，给他们签名，同他们合影，向他们了解各地世界语运动的情况，鼓励他们要学好世界语，多为世界语运动作贡献。

特别令人感动的是，北京世界语者张德浦向巴老要一本他的著作《六十年文选》，可是后来张德浦的信怎么也找不到了。巴老身为全国政协副主席、中国作协主席，但不同意为自己配备秘书，所有来往书信都由自己亲自处理，常常力不从心。为打听张德浦的地址，他专门写信给与张德浦同一个单位的周茜云，询问张德浦的地址。为满足一个普通世界语者和读者的要求他付出了太多的精力！

我曾多次与巴老通信，其中三次是为《中国报道》杂志约稿，另一次是为中国世界语出版社出版许善述同志编辑的《巴金与世界语》一书，商讨出版事宜，每一次他都给我及时回了信，每封信虽然很短，但都充满着真诚，令人终生难忘。例如1987年2月3日，他在复信中说："志平同志：请原谅，我失了信，我身体一直不好，无法写文章，连写字也很困难，稿子不能交卷，非常抱歉。"每当看到这样的信，我都为他的真诚所感动，同时也为他的身体担心，只能默默地祝福他老人家能早日康复。

令我特别感动的是巴老对我的关爱。1990年台湾华东书局出版《巴金译文选集》，他亲自签名寄给我其中三本小册子，这三本书都是他通过世界语翻译成中文的文学作品。1994年10月，他又赠送给我一套《随想录》，每当阅读他的这些作品，我都感到特别的温暖。

巴金关爱世界语，真诚地对待每一位世界语者，也赢得世界语者的尊敬和热爱。2003年10月，在吉林延吉市出席第5届全国世界语大会的世界语者在一幅巨大的绿星旗（世界语的象征）上签名，并致函巴老，祝贺他的百年华诞。在这封致敬信中他们写道："数十年来，您不仅为我国的进步文学和文化事业、为世界文学宝库和世界和平作出了杰出的贡献，而且为我国世界语运动的发展付出了巨大的心血。您对世界语的热爱和执着追求，脚踏实地、多干实事的工作作风，无私奉献、不求索取的伟大精神，谦虚谨慎、平易近人的高尚品格，都深深地感染着我们，并成为我们推进中国世界语运动的强大动力。我们一定以您为榜样，热爱世界语，忠于世界语的理想，为世界语的崇高事业竭尽全力！"

2004年7月，在北京举行了第89届国际世界语大会，闭幕式上宣读了来自50多个国家和地区的2000多位代表写给巴老的致敬信，表达了中外世界语者对他的崇敬和祝福。

为了让中外世界语者能读到巴金的作品，《中国报道》杂志社和中国世界语出版社出版了巴老的《春天里的秋天》《寒夜》《家》和部分短篇小说，编辑出版了《巴金与世界语》一书，书中收集了巴金有关世界语的文章、译作、书信和悼念他的文章，让巴金的文学作品和他坚守世界语的理想、不断为之奋斗的精神永远活在人们心中。

# 潘际坰与巴金的《随想录》

———
李家平

　　潘际坰先生1919年1月出生于江苏淮阴，笔名唐琼，原籍淮安。祖上潘德舆，号四农，清代诗人，道光年间中举，曾为安徽候补知县，著有《养一斋集》《养一斋诗话》等。潘际坰生于诗礼之家，薪火相继耳濡目染，旧学功底自然深厚。但他入学后，所受的还是新式教育。抗日战争爆发第二年，潘际坰中学刚刚毕业，因战乱曾度过一段流离失所的生活，随后，进入浙江大学，攻数学。毕业以后潘际坰即在上海《大公报》担任编辑和记者。潘际坰学识广博，中英文俱佳，桥牌打得精湛，文章写得高妙，姑不论他在新闻战线上如何活跃，单只以文、牌会友，就在文化界结交了很多朋友。

　　20世纪50年代初，潘际坰参加上海记者团到朝鲜战地慰问、采访，后在上海圣约翰大学新闻系任教，不久，又任香港《大公报》驻京记者。1956年底，潘际坰从北京去辽宁抚顺战犯管理所专访溥仪。他是第一个对这位末代皇帝进行详尽报道的新闻记者，访问记《末代皇帝秘闻》在报上连载，轰动一时。然而读者很少知道，为了这数万字的长篇访问记，潘际耘在监狱里住了十天，和溥仪长谈 80 个小时。因当时条件困难，录音机、打字机一概没有，潘际耘全凭着手写脑记。他白天做采访，晚上则整理笔记并参阅大量材料，工作异常紧张。图文并茂的访问记（文中配有多帧罕见照片）一经面世，即引起海内外的广泛注意。1957 年初，访问记还没刊载完毕，香港文宗出版社就抢先出版《末代皇帝秘闻》的上集，不久又出版了下集。

20 世纪 50 年代末 60 年代初，潘际耘调商务印书馆做编辑工作。"文革"中，潘际耘先是下放湖北干校，后又调回北京分配到自来水公司。直到"文革"结束，潘际耘才重操旧业，赴香港《大公报》编管副刊。这时潘际耘心情振奋精神焕发，除了不断给《大公报·大公园》撰写专栏文章外，还想把副刊的编辑工作做得更有声色。

就在这时，在千里之外的上海，巴金先生怀着同样振奋的心情，思考着创作上的问题。"文革"结束了，巴金重获创作自由，1977 年 5 月他在《文汇报》上刊出了沉寂十年后的第一篇文章《一封信》，反响强烈，朋友们看了非常高兴，叶圣陶为此还作诗一首："今春《文汇》刊新翰，识与不识众口传。挥洒雄健犹往昔，蜂虿于君何有焉。杜云古稀今日壮，伫看新作涌如泉。"那么这喷涌如泉的新作应该是什么，应该怎么写呢，这是巴金一再考虑的事情。住了十年"牛棚"之后，巴金才想起自己是一个"人"，应该像人一样用自己的脑子进行思考。巴金"很想把自己的思想整理一番"，他感到自己有责任揭穿"文革"骗局，不让后代再遭受灾难。1978 年，日本故事影片《望乡》在尚欠开明的中国大陆上映，一时引来众多评论，也有人认为此片淫秽下流，当属黄色电影。对此片巴金谈了自己的看法，写下散文一篇：《谈〈望乡〉》。文章写好后，巴金把它寄给了潘际耘（潘初识巴金，是 1946 年巴金还住在霞飞路的时候）。

　　潘际穮收到巴金的文章，很快把它发表在《大公报·大公园》上，同时他向巴金继续约稿，并希望老人能定下一个专栏题目，定期发表老人的文章。为了效率，潘际穮特嘱在上海的朋友黄裳"代他就近组稿"。潘际穮的想法正好与巴金欲尽情地说真话把心交给读者的想法相契合。在首篇文章发表后，巴金于 1978 年 12 月 18 日给潘际穮的信里表示，"《随想录》我还想继续写下去，你们愿意发表它，我以后写出新的就寄给你们。"从此之后，巴金就一篇篇地写下他的所思所想，老人的思想浪花，真的就像涌泉一般在《大公报·大公园》上展现给读者。这也就是巴金晚年皇皇巨著《随想录》的由来。

　　巴金老人抱病写作八年，完成文章 150 篇，共 42 万字，分为单行本五册，即《随想录》《探索集》《真话集》《病中集》《无题集》。其间，巴金每写完一篇文章，就寄给潘际穮，潘际穮经过精心校检之后，才交人发排。尽管巴金写作对文字十分负责，有时因为想起文中有一个错字，也要写信告诉潘际穮。可是潘际穮出于对作者对职业负责的心情，始终没有放松《随想录》文章的校改工作，这使得巴金老人十分感动。为了《随想录》的完成，潘际穮和巴金开始了频繁的书信往来，单是巴金写给潘际穮的信就达百余封。1984 年 10 月，巴金在香港中文大学接受荣誉博士学位，潘际穮到机场迎接，但直到潘际穮送巴金登机离开香港，两个人除了一些必要的活动之外，来不及作更多的交谈，巴金因此深感遗憾。的确，他们为了《随想录》已经够忙的了，就在巴金到香港的同一个月，《随想录》的第四集《病中集》由香港三联书店出版了。

　　《随想录》的创作并非一帆风顺。巴金的真话文章不断见诸报端，自然使有的人感到不快，社会上也出现了"左"式的批评意见，其间甚至有人无聊地传言巴金和一著名越剧演员徐某某喜结连理（巴金夫人萧珊在"文革"时受迫害，因病得不到及时治疗，含冤去世）。巴金顶着压力写作。与此同时，潘际穰在新闻出版界也受到类似的压力，但他的心是和巴金在一起的，只要巴金写出来，他就一定把文章编出来发表出来。然而问题还是出来了。巴金的《怀念鲁迅先生》在《大公报》发表时，编辑部有人未经巴金同意，将其中与"文革"有关的文字尽行删去。对此，巴金很不高兴，他表示文章不是不可删改，但报社这样做，他只好不写。潘际穰得知只得不避繁难，从中斡旋，做了很多解释工作。时经两个月左右，巴金在给潘际穰的信里才说"《随想录》我还要写下去。"半年后，巴金又在致潘际穰的信中说："……写完第 100 篇也不会搁笔，请勿念。"

光阴易逝岁月如梭，1985 年《随想录》的创作进入尾声阶段，潘际穰退休了。是年 4 月 26 日，巴金在给潘际穰的回信中不免流露出怅然之情："……您这信讲起退休的事，使我感觉到时间跑得太快了，您到霞飞坊找我写稿，仿佛还是昨天的事情。的确您也该休息了，不过手里还有一支笔，您是不肯休息的。《随想录》继续在《大公报》发表，不成问题，还有 23 篇文章，今年一定要写完。您愿意帮忙校对，那太好了，很感谢您……"就这样，在潘际穰的协助下，《随想录》最终全部问世。《随想录》的编辑完成，对潘际穰来说，是件值得终生纪念的大事情。有一天在报社编辑部，某朋友开玩笑式地问潘际穰："你这两年究竟做了些什么事？"他当即正色答道："只做了一件事，约请巴金老人为我们撰写《随想录》。"潘际穰认为"巴金的《随想录》与他半个世纪前写的《家》，先后辉映"，都是极具代表性的作品。那么巴金又是怎么看待《随想录》的呢？他说："我几次下了决心，除了《随想录》外，我写过的其他文章一概停印。"

潘际穰晚年，时而到美国和儿女生活，时而回国住在北京，往来于大洋两岸。也诚如巴金所言，他手中有一支笔，是不会休息的，除早年著有《朝鲜战地散记》《末代皇帝秘闻》《牛顿》《慕尼黑阴谋》《八方集》等外，潘际穈晚年著作有《京华小记》《娱情集》《快意集》《唐琼随笔》等。然而潘先生似不爱在人前谈他长期向巴金约稿、编辑发表《随想录》的事情，也许他将这一切都视为分内，以致竟未做专文系统谈及。2000 年 7 月 6 日，潘际穈因患肝癌在京去世，享年 81 岁。尽管潘先生一生写下诸多作品，可是作为资深记者、前辈报人，他还有很多很多东西没有留给我们，殊为可惜。

# 我在"巴乡"辞巴老

———

卢　弘

"巴乡"即巴金先生的故乡，亦即巴山蜀水的四川成都。

巴老有灵，引我此行。2005 年 10 月中旬，我来到了巴老的故乡，有幸与其乡亲和李氏家族（巴金原名李尧棠）的亲人们，一起悼念和追思这位文学巨匠。

我一到成都，就在市区地图上寻找巴老老家或纪念馆在哪里，可惜怎么也找不着，向人打听后，说就在百花潭公园内的"慧园"。恰在 10 月 17 日这天，我赶去了。那是一处中式民居庭院，里面正陈列着《世纪巴金展》和巴老的许多珍贵文物，特别是他一生的大量著作，以及他各个时期的照片和手迹等，使我重温了这位世纪老人光辉而辛劳的历程。正当我为此行大有收获而兴奋时，就得到了他老人家于当天仙逝的噩耗。此日我似乎就是特来为他"辞行"的。这事虽不意外，但仍心头沉重，他的离去，意味着一个时代的结束，一代先哲从此远行了！

在成都期间，因有别的活动，直到 10 月 23 日才再去慧园。几天间我虽人在别处，心却在那里，得知巴老故乡的人们，正以各种方式来悼念这位逝者。这天一早我就又去了，从百花潭公园门口到慧园内外，到处都张挂着黑底白字的条幅横标，上书："人民作家巴金，家乡人民永远怀念您"，"巴金是中国的骄傲，您去了，灯还亮着"……在巴老的塑像前，排放着各种花圈花篮和花束，素带上从小学生的稚拙笔迹，到老人们的苍劲书法以及挽诗挽联都有。门口有一"告白"，说是巴老家族亲人将在此举行追思会，我问园内工作人员后，知道这会就在今天上午开。我趁这时尚无别人参观，连忙"抓"拍了一些文物照片，如他用过的书桌、台灯等，巴老参加抗美援朝时用的志愿军茶缸，他在前线坑道中写作的留影，彭德怀司令员写给他的信……我都一一摄下，留下了一个文学后辈和志愿军老兵对这位大师永远的怀念和敬仰。

我从展厅来到预定的亲人追思会会场，见一位外貌颇似巴老者正在摆放莅会者签名册之类，就去请教了他。他说自己是巴老的侄儿，叫李国荣（后知他是巴老七弟的儿子）。我请求旁听一下他们的会，他得知我是刚从北京来的，也是巴老著作的老读者和敬仰者，说今天的会是李氏家族亲属自发举行的民间聚会，来共同纪念自家这位先辈逝者，也邀请了几位热爱巴老和关切李家的朋友，他表示可以满足我的愿望。我乘便询问巴老故居的情况，他说很遗憾，早已全部拆毁了，这处慧园其实是新建的仿古庭院，是根据巴老作品《家》中的环境描写重造的，也不是他们老家的原址。他说着拿出了一本复印资料让我看。这时赴会的人已逐渐来到，我便坐在一角阅读这些资料。我从中了解到，巴老于1923年19岁离开故乡后，其老家老宅曾几易其主，最后一个房主是国民党官僚，全国解放时就作为"敌产"收归原西南军区（后为成都军区）所有。从20世纪50年代开始，一直是军区战旗文工团的排练场兼宿舍。最初人们根本不知这个大院就是巴老故居，后来又将隔壁张家一个大院并了过来，拆除了原来的界墙，由于种种需要，对这两个庭院陆续进行了拆修改建，等到发现这是当代文学大师的故园时，大院内外的原貌已完全改变了，如今只剩下一段东墙。一座重要的"历史文物"，就这样不复存在了！

好在原战旗歌舞团副团长张耀棠同志在李家大院工作和生活了几十个年头，也为巴老故居遭到破坏而万分痛惜，几十年来特别是离休以后，立志考察这处文学大师的摇篮，到处追寻、调查、访问和考证当年的原貌格局和变迁史实，又一一绘制出原来庭院的各种图谱，写出了关于原址原貌的历史资料，于 20 世纪 80 年代中期将其研究成果专门送到上海，请巴老亲自审看。巴老一看十分高兴，自己又"看"到了老家的样子，他对图谱和文字作了若干订正补充，还提供了不少细节，这极大地鼓励了老张，他决心继续努力，将此当作自己晚年的一项重大事业，终于成为巴老故居的一位权威性研究者。他发现并开发了一座"宝藏"，更为当地增添了光彩。四川省和成都市正根据他的考据和建议，准备重建巴老故居，以此作为一个重要纪念地，并成为成都的"城市名片"。巴老去世后，当地人民群众纷纷要求将故居原址所在的街道，改名为"巴金路"，将与巴老有过密切联系的小学，命名为"巴金小学"，这些活动都得到了张耀棠同志的支持。

我阅读这批资料时，会议参加者大多到了，我问李国荣先生，从事故居调查的张耀棠同志今天来不来？他说已经来了，马上把我引到一位老人面前，才知他已 81 岁高龄，但身体和精神很好，我忙向他作了自我介绍，说刚读完了他对故居的研究资料，对他的劳动和成果十分欣赏，他见我也是一名老兵，和我还有不少共同的熟人，不禁一见如故，立即围绕巴老热烈交谈起来。由于我遵照巴老晚年巨著《随想录》的思想，多年来试图像他那样，深入地批判和研究"文革"的危害，已为此写了一些作品，正得到各方面的关注。而他所从事的工作，却是对巴老出生和成长之地进行着专题的研究，也已取得不少成就。我们二人等于是在为巴老一生的一头一尾，分别进行着创作和探索，都在为继续弘扬巴老的精神和事业，而献出各自的力量。张老从 20 世纪 50 年代开始，就生活在巴老当年居住之地，而我在五六十年代间，也与巴老有过一次间接的成功"合作"。他的小说《团圆》改编为影片《英雄儿女》时，因为原作没有着重写王成，编剧将我写的《向我开炮》故事"嫁接"到王成身上，以此塑造了一个突出的英雄形象，在国内外引起了热烈反响。"王成"这个形象，等于是巴老和我共同创造的，这使我与巴老的关系又贴近了一层。李国荣等巴老族人，为巴老的事业得到我们两个老兵的尊重和响应，马上把我和张老引为知己。

我们说话时，大批莅会者都已到齐，既有白发长者，又有稚嫩少儿，七八十人济济一堂，相互招呼一片乡音，他们中有巴老的同辈弟妹和姑舅表亲，更有晚辈甚至孙辈、重孙辈，除住在成都市的，有不少是从四川各地赶来的。看来他们虽然都在一省，平时却并不常见，人们不断喊着"二叔""五弟"和"表哥""四姑"与"舅舅""八爷"等，都为这次重逢而紧握相拥。据说巴老家族人数有好几百，今天到的只是部分代表。我看到有的来人带着各自对巴老的挽联挽诗，一一张挂到会场墙上，中心是"国荣敬撰"和"观泰敬书"的一联："寒夜春秋字字血泪千万美文唤觉新，随想录语句句真话无字资料传后人。"这家人真是文才辈出，堪称"诗礼传家"。我和张耀棠等虽是会场上仅有的几个"外人"，却都被他们视为"友人"，巴老使我们走到一起来了，大家一起融入对其光荣族人、文学大师的亲情感怀和崇敬追思之中。

李国荣先生主持追思会，人们既争先恐后又"论资排辈"地一一发言，使用的全是川话乡音，由于讲者都很兴奋激动，会议又没用扩音设备，有些话我没能听清楚，但其共同主题和中心意思，就是他们为巴老而自豪，人们回顾着巴老的往事，陈述他对族人和世人的巨大影响，认为巴老不只是李氏家族的骄傲，也是成都乡亲们的骄傲，更是全四川以至全中国的骄傲。会议主持者请友人之一、四川社科院一位教授发言，她以如诗语言评价和讴歌了巴老的一生；张耀棠同志也应邀讲了对巴老故居研究的新进展和设想；国荣先生竟要我也说几句。我即席即兴说道：自己是偶尔"闯"进这个光荣家族的盛会的，是巴老将我"召唤"来的，因为我对他有着特殊情感，他的晚年巨著《随想录》发表和出版后，我很快写出了学习和评论文章，后来又写作了45万字的《"文革"亲历实录——军报内部消息》，在书前以巴老《随想录》中的话，作为"名言代序"，表明了自己的创作意图，正是对这位被称为"民族良心"精神的继承与发扬。由于各个出版社都不愿或不敢出，我只得自己编印出来征求意见，先寄奉二册给巴老女儿小林，请她面呈巴老一本，告知他的晚年愿望，已有人在为此努力；另一本请她留交将来的"文革博物馆"保存。我这本书虽是自印自发，却引起了各方面的关注，除有著名"文革"研究学者写了评介文章，香港凤凰电视台为此对我作了专访，几天后就分上下两集在"口述历史"栏目播出了，使这本书影响更大了。

我的这一临时发言，把我和巴老族人更和巴老本人紧密地联到了一起，国荣和张老约我次日同去巴老故居遗址和成都郊区的"巴金文学院"，机会难得也正是时宜，我忙跟他们去了。张老带我们一一查看了遗址，讲述了当年的建筑和情景，从大门到内院以及左邻右舍，巴老出生之地和他早年活动过的地方，都一一作了介绍，他说的这些虽已毫无痕迹，却使我似乎"看"到了当年的一切。遗址上的真正遗物，只有四块铺在路边的方石，其中一块也已折断，张老说这几块石头，都将作为巴老故居的仅有原物保存下来。国荣和张老又领我去了院外的"双眼井"，巴老作品中曾多处写到它，它是查勘这处遗址的重要依据和主要标志，现在已经成为成都市的文物保护点之一。巴老去世以后，这里排满了当地乡亲自发送来的大量花圈花篮和花束，人们都对出生在此的光荣"街坊"，表示了深切的怀念与崇高的敬意。我们在参观这一"古迹"时，有的居民立即主动来作介绍，讲述发生在这里的事，都为这位从人民中走出的人民作家充满自豪之情。

我们又到了成都东郊几十公里处的龙泉驿区，参观建在这里的"巴金文学院"，这是巴老生前唯一同意以自己名字命名的一个文学园地，充分展现了他的业绩和精神。在"巴金陈列馆"门前廊柱上，镌刻着四川作协主席马识途老人题写的楹联："巴山蜀水多文采喜看前波引后浪，金凤雏凰齐和鸣敢将旧唱变新声。"迎门坐着巴老的塑像，背景是白底金字的名言手迹："讲真话——把心交给读者，巴金。"这座像前还陈放着人们献给巴老的鲜花和花篮，连日来四川文学界曾齐集这里，隆重悼念这位世纪大师。张老带我到巴老故居的复原模型前，这是他几十年来的心血结晶。张老指出当年巴老的住房和读书处，连他作品中"鸣凤"和"老马夫"等人的住处，也都一一指出了。我们凝视着这座庭院屋廊，只觉得巴老及其笔下的人物与故事都陆续"出现"在眼前。

顺着宽阔楼梯到了楼上，那里陈列着巴老生平图片、著作样本、重要文物及其塑像等，文物中有许多是他生前获得的各种荣誉奖状和勋章证书等。这位享誉世界的当代文学大师，就这样平平静静又平平常常地"祖露"在大家的眼前。如今这里已成为当地举行文学活动、培训文学后辈，特别是学习和研究巴老的重要场所，近几天来，这里和市内的慧园一样，通宵开放让人参观和表示悼念。我问张老，这处文学院怎么在成都市地图上没有标出，我要知道早就来了。他说可能因为建成不久，绘制地图者还没来得及加上它。就在这座文学院紧隔壁，还坐落着出生在四川的另一位著名文豪的"艺术馆",人们看到这两座相邻并列的建筑时,有人不由感叹道:巴老晚年一再大声疾呼,要说真话,不能再说假话。可是那一位呢,后半生却只说违心的话,甚至说了不少假话。他和巴老既是同乡,又同为大师巨匠,其晚年文品人品,却差异极大、高下分明。

参观巴老故居遗址和文学院当晚,我就乘火车离开成都回京了。行前我收集了刊有巴老去世和悼念文章的当地报刊,其中有《成都晚报》一大本纪念特刊,整整 100 个版,这一大型巨册是在巴老去世次日,即 10 月 18 日迅速编辑出版的,同一天他们还出了关于"神六"回归的另一特刊,一家小报在一天内,同时编发两个"号外"特刊,不只其工作量之大可以想象,其速度之快之及时和影响之大,更已有目共睹,这既体现了对巴老独特的乡情,又体现了世人对巴老的崇敬。晚报此举及其 100 版特刊,已报了吉尼斯纪录,我虽非成都人,也会投它一票。我在车上一一拜读着这些报刊,尤其是那本沉甸甸的晚报特刊,感到它简直是关于巴老的一部"百科全书",极大地满足了广大读者的迫切需要,并将从此成为一件重要的收藏纪念品。

我的这次成都之行,恰逢巴老逝日,我在其故乡为他送行了,实际却由此更多更快也更深入地走向他及他的世界,感到巴老继续并永远与我们同在!我回京后又翻阅了京、沪一些报刊,见有关巴老的报道及文章,虽是同样一片颂扬和痛惜之声,但似也有一点异样,有的报刊繁多文字中,恰恰回避了重要一点。巴老晚年最大愿望有二,一是建立"中国现代文学馆",二是建立"文革博物馆",前者已经成为现实,后者至今却毫无行动。某大员在某大报发表的大文章中,居然对此一字不提,好像巴老从未说过此事,虽然巴老此议早已获得众人的响应。这座回顾历史、总结教训、警示后人、功在全球的"博物馆",尽管从未动工,不见一砖一石,却早已矗立在人们心中。其实对逝者最好的纪念,莫过于实现他的遗愿,巴老终生是"忧郁"型的,有人一直故意漠视其最后最大的遗愿,可能就是使他最为"忧郁"之事,巴老虽逝,未必瞑目!好在历史毕竟是人民写的,人民作家巴金的思想精神将与他的作品、业绩及其愿望,永存于世并定会实现!

# 钱锺书与《宋诗选注》

张锡金

1952 年全国高等院校进行调整，钱锺书由北京大学调到中国科学院哲学社会科学部文学研究所任研究员。

1956 年初，周恩来关于知识分子问题的报告给文化界带来了春天般的气息，一时间文化界显得异常活跃。这年春，人民文学出版社策划准备出版一套"中国古典文学读本丛书"，它属于中国文学普及性的通俗读物，面向青年读者群，主要由中国科学院文学研究所的专家们编写。丛书中有一本为《宋诗选注》，正在寻找合适的作者人选。时任文学研究所所长的郑振铎认为，若编写《宋诗选注》，钱锺书是最合适的名家了。经他提议，这个任务便决定由钱锺书承担。

钱锺书是一位知识渊博、治学严谨的学者。对于他来说，编选这样一本普及性的读物，可谓轻车熟路。他曾受前辈诗人陈衍的赏识、指导，而陈衍是"同光体"代表人物，他喜爱宋诗，并对宋诗有所研究，曾编《宋诗精华录》行世。早在解放前，钱锺书在写作《谈艺录》时，就有许多地方谈到了宋诗。虽然宋诗零散，不像唐诗一样有《全唐诗》

这类总集可资凭借，但钱锺书掌握宋诗的材料也非常全面。他博闻强识，随手选些诗、写些注释即完全可以应付，但钱锺书做学问向来都是严肃、认真的，从选本到评注都下了相当的工夫。清代厉鹗的《宋诗纪事》和吴之振等的《宋诗钞》是两部卷帙浩繁的著作，再加上管庭芬的《宋诗钞补》、陆心源的《宋诗钞续补》、曹庭栋的《宋百家诗存》以及陈衍的《宋诗精华录》，宋诗的数量总和就有几万首了。只需从中选出二三百首诗即可。然而，钱锺书没有仅靠这几套大书来敷衍了事。他将这些书仔细地再读了一遍，仍不放心，又把《宋诗纪事》《宋诗钞》等书一一和本集善本核对，把这些书里的错误都找出来。在这个基础上，钱锺书又查阅了大量的宋人笔记、诗话、文集、方志，进行严格地筛选，甚至对名不见经传、仅仅有三五首诗流传的诗人也不轻易地放过，并且从中选了一些历代被遗忘而在宋诗中确有艺术创新的诗作来。

钱锺书接受任务后，首先确定诗歌取舍的严格标准，除了思想上的健康和先进性之外，还在艺术上提出"六不选"的原则："即押韵的文件不选；学问的展览和典故成语的把戏不选；大模大样的仿照前人的假古董不选；把前人的词意改头换面而意思绝无增进的旧货充新也不选；有佳句而全篇太不匀称的不选；当时传诵而现在看不出好处的也不选。"因为这类作品仿佛走了电的电池，读者的心灵好像电线，跟它们接触，却不能使它们发出旧时的光焰来。

钱锺书为诗歌的评注倾注了很高的热情，耗费了大量的心血。一般地说，编写者只要把诗歌中的难点如用典、字意、中心内容，至多是章法上的起承转合等注出来，使读者能够读懂就算是一部成功的诗歌选本了。钱锺书做到了这些，但他的诗注更具有特色。他不仅注出用典、字词，更着重在诗注的品藻、鉴赏、穷源、溯流等。从把握总体方面入手，开拓了一条诗歌注解的新路径。

1957 年 4 月下旬，中共中央发出了《关于整风运动的指示》，号召群众大胆地向党提意见，参加大鸣大放。政治运动给习惯于书斋中做学问的钱锺书带来了无穷的烦恼。他的父亲钱基博先生在武汉华中师范学院任教，因在运动中上书湖北省委主要领导人，阐明自己对某些问题的看法，不料，竟被划为右派分子，不久便病重住院。钱锺书得此不幸的消息，即告假急匆匆地前往武汉探望。在途中他以诗寓情，写下了《赴鄂道中》诗组，共五首，其中有一首诗说：

> 驻车清旷小徘徊，
>
> 隐隐遥空振潇雷。
>
> 脱叶犹飞风不定，
>
> 啼鸠忽喋雨将来。

钱锺书对于政治斗争云谲波诡的严重性有了强烈的感受。

随着反右派运动的发展，钱锺书为《宋诗选注》定下的选目必须经过集体讨论。按照一般常规来说，既然要钱锺书编著，从选目到评析、注释就应由他一个人负总责。可是，由于社会政治压力太大，郑振铎也没有能力抵挡得住。他无可奈何，只得把钱锺书提出的选目交由集体讨论确定取舍。而这种讨论的目的，又仅仅是从政治上着眼，要求入选的诗不仅能反映封建社会的阶级斗争，反映劳动人民被压迫被剥削的现实生活，而且能反映对统治阶级的批判，等等。

1957 年《宋诗选注》脱稿。它选了 81 家诗，共计 297 首。钱锺书又从中选出十篇诗人短论，以《宋代诗人短论十篇》发表在《文学研究》1957 年第一期上，接着，又在《义学研究》第三期上发表了《〈宋诗选注〉序》。

　　1958 年 9 月《宋诗选注》第一版问世，由人民文学出版社出版。钱锺书抚摸着案头还散发出油墨清香的新书，心情却很沉重。《宋诗选注》刚出版，他就受到一些文章的围攻，被指责为"白旗"，带有"资产阶级观点"，崇尚"形式主义""艺术至上主义"，等等。

　　钱锺书编订《宋诗选注》后，还写了一篇序。主要谈三个问题：一、宋诗的时代背景和它的思想内容及其所反映的社会生活；二、宋诗的艺术表现和对宋诗的整体估价；三、选诗的标准和材料问题等。

　　《宋诗选注·序》是钱锺书多年来研究宋诗心得的经验总结。他在"序"中对宋诗进行总体性的评价，把宋诗的历史背景、宋诗的优缺点分析得相当精到，它既是一篇深奥的学术研究的文章，又是一篇优美的文学评论作品。语言流畅、风趣，读起来令人在开怀大笑中接受许多知识。例如，他分析宋诗风格形成时说："有唐诗做榜样是宋人的大幸，也是宋人的大不幸。看了这个好榜样，宋代诗人就学了乖，会在技巧和语言方面精益求精。同时，有了这个好榜样，他们也就偷起懒来，放纵了模仿和依赖的惰性。瞧不起宋诗的明人说它学唐诗而不像唐诗，这句话并不错，只是他们不懂这一点长处恰恰就是宋诗的创造性和价值所在。"

　　钱锺书有这样一种观点，对于曾被忽略了的诗人能够再发现，这是评论家的特权。他说："在一切诗选中，老是小家占便宜，那些总共不过保存了几首的小家更占尽了便宜。"这种现象并非正常。他提出："即使是当时有名的诗，但现在已看不出佳处的，也就割爱。"例如，文天祥的《正气歌》是历代几乎所有的选本都选的，在当时"左"的思潮指导下，这首诗自然会占据更重要的地位。然而，钱锺书有自己的看法，他从诗歌的艺术价值与创新角度作出评判，认为这首诗虽然沉痛，充满正气，但在这样篇幅有限的小选本里，为了能够收集最有文学成就的作品，此篇可以不选。文天祥还有几首比此诗写得更有新意的诗可选，况且，此诗历来的选本皆有，已为人们所熟知。这种在选本上无休止地重复既加重了选者的惰性，也是一种浪费。这在拔白旗的时刻，正好成了被人抓住的一个把柄。

就在中国大陆文化界一些人向《宋诗选注》猛烈开火的时候，日本京都大学教授小川环树在 1959 年《中国文学报》第十册发表文章，认为："这是一本从不同于前人的角度出发来对宋诗进行全面观察的书，它的注释和'简评'都特别出色。这本书的出现，大概宋代文学史很多部分必须改写了吧。"它"可以说是迄今为止全部选本中最好的。"因为"这个选本，冲破了选宋诗的重重难关，无论在材料的资取上，甄选的标准上，作家的评骘上，都是以使读者认识到宋诗的面貌，它的时代反映和艺术表达，它所能为我们今天欣赏和接受的东西。"他还对未选《正气歌》作出赞同的评价，认为：钱氏发现，文天祥被蒙古军被捕以前和被捕以后的作诗的态度有了很大的变化，以前的诗是平凡的，被捕后的诗则多有情感沉痛的好作品，会不会钱氏认为《正气歌》虽然沉痛，却还算不上好作品。

《宋诗选注》这个选本，充分地表露了钱锺书的一般对于诗的和特别对于宋诗的深刻的见解。他的这种取舍，按常识令人难以理解，但是，却显示了他作为一位学者的睿智。

1981 年，钱锺书接受香港彦火先生采访，在谈到《宋诗选注》这本书被批判的情况时遗憾地说："这部选本不很好；由于种种原因，我以为可选的诗往往不能选进去，而我以为不必选的诗倒选进去了。只有些评论和注解还算有价值。"他还幽默地说："不过，一切这类选本都带些迁就和妥协。选诗很像有些学会之类选会长、理事等，有'终身制'、'分身制'。一首诗是历来选本都选进的，你若不选，就惹起是非。一首诗是近年来其他选本都选的，要是你不选，人家也找岔子。正像上届的会长和理事，这届得保留名位。所以老是那几首诗在历代和同时各种选本里出现。评选者的懒惰和怯懦或势利，巩固和扩大了作者的文名和诗名。这是构成文学史的一个小因素，也是文艺社会学里一个有趣的问题。"

# 冯雪峰与我放鸭子

陈早春

　　1969 年 9 月，为了"备战"和"接受工农兵再教育"，我们人民文学出版社除了留下少数几个人搞"样板戏"之外，无论"革命群众"或"牛鬼蛇神"，不管老弱病残，都被"全锅端"到湖北咸宁的"五七"干校。67 岁的文化名人冯雪峰也佝偻着腰，戴着"黑帮"的帽子，同大家一起走上了"五七"道路。

　　开始，他被安排在蔬菜组种菜。每日翻地开畦、运肥泼粪，一天下来累得既难躺下也难爬起，这对老弱病残者来说实在是不堪重负。但冯雪峰由于出身农民家庭，又参加过两万五千里长征，吃过小米、打过步枪、蹲过监狱、在各种磨难中淬过火，因此在组里干得十分出色。连最好挑剔、以找碴儿为职责的某军代表，也在人后啧啧地称赞这个瘦弱的老头："他比我那长期在农村劳动的祖父还精干！"

　　当时我正在当"鸭司令"，放养着 200 多只母鸭。由于是当地大棚里筛选下来的处理品，它们原先一只只毛屠屠的，各啬得一个蛋也不肯下。后经我几个月的调养，且不费饲料，春天的下蛋率几乎达到了百分之百，能保证"连"内每个"战士"每天可以吃到一个鸭蛋。这对于连续啃了半年多的咸菜疙瘩、不沾油荤的"吃斋"队伍来说，无疑是件大恩大德的善事，也引起了军代表和连干部的重视。他们对我说："你每日早出晚归，栉风沐雨，够辛苦，需要一个助手。再说，你懂得整套农活，大田还需要你去指挥，放鸭的事，你培训培训，今后就交给你的助手。"我欣然同意。但得知这个今日的助手、明日的接班人是冯雪峰时，我却犹豫了：第一，冯雪峰作过胃大切除手术，来干校后经军代表特准可以买饼干来维持生命，若在湖里放鸭子，一日三餐不准时，且都是凉的，他能否承受得了？第二，湖里夏天烈日当空，没有任何遮拦，地温高达四十几摄氏度，而寒冬北风刺骨不算，时不时还会掉进水里成为落汤鸡，年近七旬的老头，受得了这份罪？第三，湖地的田埂都是烂泥搭的，水蚀霜冻后就成了豆腐渣、烂糨糊，烈日一晒又成了见棱见角、有锋有刃的死硬疙瘩，矫健的年轻人都难免摔跤，将他的老骨头摔断了怎么办？我将自己的顾虑向上级说了，但没被受理，因为我属"连队战士"，服从命令是天职。

1970年初秋，鸭子经过"夏眠"后又到了下蛋的季节，冯雪峰来到我的"麾下"报到。他已是我的老"部下"了。那是"文化大革命"进入到"大联合"阶段时，"牛鬼蛇神"除中央另立专案者外，一律到革命群众中接受"监督改造"，于是冯雪峰下到我这个组。我是现代文学联合小组组长，由于"革命性"不强，历来属于"中右"，而他又让你怎么翻来覆去地看都不像个阶级敌人，所以我们之间从来没有发生过"监督改造"与反"监督改造"之间的斗争。当时好抓"苗头"与"新动向"，但在我们组里并没抓到一丝一缕，很令"革命者"失望。

那天他奉命来到，一见我只穿一条短裤衩，通体像醉虾一样红中透黑，便善意地忠告我："早春，这地方的太阳很毒，你得戴个草帽，背心总得穿一个才是。"我说:"光棍一条,为的是图方便,也为了偷懒,天晴让它晒,雨天让它淋,不用换衣服。有时我还得跟鸭子在水中赛跑,下水无须脱衣服。"他听我这么说,沉默了一会儿才沉吟道:"我老了,不行了,今后不仅帮不上忙,还可能给你添累赘。"

看他戴着草帽,脚蹬胶底跑鞋,灰不灰、白不白的旧制服,瘦胳膊瘦腿像干枯的树枝,真令人心酸眼涩,实在不忍让他做我的助手和接班人。但我极愿意有个伴,自放鸭以来,每日睁眼闭眼都是苍茫茫的天、汪洋洋的水,寂寞得无聊。

冯雪峰并不甘于作为我的伙伴,他一来就要领任务:"我小时在农村,什么农活都干过,就是没放过鸭子。我该帮你干些什么事?"我如数家珍地向他传授了养鸭子的经验,至于他的任务,我不大经意地说:"一切有我照管,你只帮我看着它们点,不要让它们瞎跑,或掉了队,或往禾穗已勾头的稻田窜,毁了庄稼。"

他领完任务之后,马上去鸭群边寻找自己的岗位。尽管当时鸭子已吃饱,在水洼边睡觉,他还是蹑手蹑脚地往鸭群边靠,死死地盯住它们,生怕它们一展翅就飞跑似的。一会儿,鸭子纷纷醒来,在水洼里戏水,冯雪峰更显得紧张,围着水洼来回跑,任我怎样制止也无效。看来他将我交给他的任务牢记在心,坚守着自己的岗位。

太阳偏西了,为了让鸭子晚上饱餐以过夜,我将它们赶入深水中去限食(行话叫"限")。"限"到一定时候,鸭群开始骚动、哗变,饿慌了地四处乱窜。冯雪峰见此情景,顿时慌乱得像热锅上的蚂蚁,挥舞着鸭竿,顾此失彼地应接不暇。

太阳已靠近地平线,该是让鸭子进食的时候了。我吹了几声口哨,鸭子"嘎嘎嘎"地叫着向我飞扑过来。我将它们引至一块刚收获过的稻田,这里有稻粒、草籽、虫虾和田螺等,可让它们荤素搭配着饱吃一顿。冯雪峰见到这一切，好似千斤石头落了地，轻松地说："看来我的紧张是多余的，鸭子都听你这个'司令'的指挥，招之即来，挥之即去，何苦要我多操心！"话刚落音，鸭子已进入田中觅食了，一下子他又急了。他佝偻着腰，沿田埂疯跑，摔倒了，又爬起急跑，又摔倒了……这样反反复复多次，土疙瘩、鸭竿都与他作对，将他绊倒。我不知发生了什么事，开始以为是鸭群中出现了黄鼠狼。过了好久，我才弄明白，原来冯雪峰不了解鸭子的觅食规律，一见到它们为争夺觅食的有利地盘低头、耸尾来回跑的情景，担心其跑飞了，所以才拼命地追赶、堵截。他时时刻刻都在记着自己的岗位和职责。

冯雪峰放鸭第一天的战绩虽不佳，付出的代价却很高：脚手都挂了彩，衣裤甚至头发都浆上了泥沙。但他也得到一点儿补偿，第二天清棚捡蛋时，白花花一片，206只鸭子下了203个蛋。看到这一丰收景况，他像小孩一样，天真地开怀大笑。

以后两天日子过得还算太平，鸭子乖乖地听指挥，我们也赢得了清闲，可以聊聊天。我原想利用没有第三者在旁的机会，无所顾忌地请教一些他与毛泽东、鲁迅、瞿秋白、张闻天等人的交往，中国现代文学史中的多次争论，以及他个人爬雪山、过草地、蹲监狱等传奇般的经历。但他几乎不接这样的话题，要么说这些已写过材料了，要么叫我去看某某革命组织印发的资料。我感到，尽管他已两度为我的"部下"，但他属"黑"，我沾"红"，分属两个营垒，虽然在干校"红"与"黑"已不像"文革"高潮中那样泾渭分明了，大家同属"天涯沦落人"，但"防人之心不可无"啊！他不愿说，也许还因他不愿在过去的日子中讨生活、翻疮疤。

我向他提的问题没得到回应，倒是他向我提了许多放养鸭子的问题，我都一一作了说明。我滔滔不绝地说，他专心致志地听。他越是听得认真，我就越说得有兴，以这样的"高堂讲经"打发无聊的时光。有一次，他插话问我："你很小就离开农家，也没有放养鸭子的经验，为何取得了这样高于鸭师傅的成绩？"我不假思索地说："党把我培养成知识分子，本想干点文化工作，从来也没想到还会返回去当农民，当'鸭师傅'。我干得再好，对党对己都是个损失。但命运既然作了这样的安排，个人改变不了。怎么办？要么苟且偷安，要么玩世不恭，要么愤世嫉俗。我不愿这样混和闯，只好奴性十足地干一行爱一行、钻一行，从干中实现自我价值，寻找人生乐趣。目前我不能与人交往，就与鸭子结伴，观察它们，了解它们，研究它们的生活规律，从研究中寄托爱心，锻炼已经生锈了的思维。不然，我整日在这荒无人烟的湖地里，被动地经酷暑、历严寒，不被环境戕死，也会自己闷死、憋死……"他听了我的这席话，颇有感触地说："这是一种人生哲学！抱这种人生哲学的知识分子不多。的确，有人认为这样的人是安贫乐道的庸俗之辈，或是不反抗命运的奴才。但什么叫俗人、什么叫奴才，都是那些怀才不遇、愤世嫉俗的'志士仁人'诠解的。这些人到底有无才，还是个问号，往往自认才富五车的人，说不定他的才还不够一合一升。生活中不乏这样的人，大事干不来，小事不愿干。宝刀可以断铁，岂不能断木！铅刀还应一割哩！我曾经说过，人世间有在高堂应对的主人，也有在灶下烧火做饭的奴婢；有日驰千里的车子，必得有铺路的灰砂碎石。鲁迅曾经写文章界别过'聪明人'、奴才和傻子，我看世界上多的是'聪明人'，奴才也不少，缺乏的是傻子。如果多些傻子，世道就好了。"自这次不经心的交谈之后，我们之间那堵"红"与"黑"的墙慢慢地变小、变矮了，特别是自干校回到机关之后我们成了忘年交。这种变化，也许跟这次交谈不无关系。

很可惜，我们在干校相处的日子不是很长。大约是在他来放鸭的第四天，就发生了一件影响他放鸭生涯的事，从此他再不做我的助手，更没能做成我的接班人。这天下午，我们在鸭子限食时天南海北地聊天，待我吹哨将鸭群召上岸时，发现少了近1/3的鸭子。我不知道发生了什么事，便将上岸的鸭子交给冯雪峰，让他独自照料它们觅食。我却纵身跳下水去，游向肉眼不及的湖汊处，去寻觅脱群的掉队者。然而寻遍所有湖汊都没有找到，后来在一片稻田中传来了"得得得得"的响声，上岸就近一看，它们正在絮絮地偷食稻穗。由于时近垂暮，它们恋食不舍，费了九牛二虎之力才将它们赶了出来，逐向湖中。待我将它们赶归鸭群时，天已蒙蒙黑了。冯雪峰还在等着我，费劲地拦阻、堵截早想上路归棚的鸭群。我见此情景，禁不住说了几句硬话："到这个时候了，你应该随机应变，先把这批鸭子赶回去，何必死死等我！"他没有分辩。不难看出，他在自责自咎。我为了缓和紧张的空气，便说："没事，鸭子不像鸡，不患夜盲症，只要有点月光，它们会回棚去的。"

考虑到鸭子熟悉我的身影，由我前面引路，为防掉队者，由冯雪峰殿后护驾。待长长的一列队伍浩浩荡荡地返回鸭棚，却不见了冯雪峰。我赶忙返回去找人，闻声只见冯雪峰在水沟中一手掐着三只鸭子的脖子，另一手在草丛中既摸且按，原来他在抓一只掉队的鸭子。我忙下到水沟中摸住了那只鸭子，并扶他上了沟岸，催他往回走，他却蹲在岸上一动不动。我以为他摔伤了走不动，可他说没摔伤，只是担心还有掉队的鸭子没发现。我告诉他，掉队的鸭子会叫唤，除非碰到了野兽，他这才放心地跟着我回去了。待到灯光下一看，他全身都是泥泞，胶鞋也掉了一只，原有的伤口又渗血了。

次日清晨，他按时赶到鸭棚，仍照常跟我赶着鸭子下到湖地。整整一天，他再无兴致向我请教鸭经，却几次向我提出："我脚腿不灵便了，赶不上鸭子，你给的任务我胜任不了。昨晚我犯了错误，今后还难免再犯。为了不给你添累赘，也为了鸭群得到更好的照料，我请求调回原组去种菜，干些力所能及的事。请你代我向军代表、连干部请求一下，就说我干不了，干不好。"这事引起了我反复地思索，如果冯雪峰是个苟且偷安的人，会巴不得在我这棵树下乘凉，天塌下来有"司令"顶着，管它那些闲事；如果他是一个玩世不恭、愤世嫉俗的人，正可拿鸭子来撒气，鸭子丢了、死了，其奈我何？但他却傻子似地忠于职守。他来放鸭子是出于一种责任心，他请求免除这差事也是出于一种责任心。

由于我有这种考虑，也由于人所应有的对一位老者的同情心，我马上向军代表和连干部转达了他的请求。好在他们并不怀疑冯雪峰的劳动态度，没有"抓阶级斗争新动向"，同意了冯的请求。没过几天，冯雪峰调回原组了。我很惋惜，但也庆幸他从我这里得到了解脱。不然，像他干事这么认真的人，哪怕只与我一起再经历一个秋去冬来，也许不要等到 1976 年，在干校就得向他的遗体告别了。

（湖北省政协文史办供稿）

# 王震勇保文化名人

许人俊

王震是典型的工农干部模样，虽然他家境贫寒，自幼读书不多、文化不高，但却酷爱学习，喜欢同文化人交往、做朋友。尤其当一些文化人在政治风浪中遭遇冲击、处境困窘时，他往往勇敢地伸手援救，演绎出一个个动人的故事。

## 帮丁玲摘右派帽

著名女作家丁玲被以莫须有的罪名定为"丁（玲）陈（企霞）反党集团"横遭批判。她性格倔强，拒绝检查认罪，多次申诉要求甄别。1957 年全党开展整风，她响应号召，给中宣部和作协领导人提出批评意见，谁知惹了麻烦，又罪加一等。不久，她被作为丁、陈反党集团和丁、冯（雪峰）反党集团双料重要成员被开除党籍、开除公职，遭到残酷批斗。丈夫陈明在文化部也成了右派，流放北大荒接受劳动改造。连续不断的打击，使她精神极为痛苦。她想到北大荒同丈夫同甘共苦，相互照应，便给延安时期的老战友、主管北大荒农垦工作的王震将军写信求助。

一向重友情的王震深表同情，迅速批准。1958 年 6 月初，丁玲从农垦部拿到介绍信，信上注明"王震部长指示去汤原农场，具体工作以后再定"。

汤原农场在北大荒垦区建场早，基础好，而且交通方便，生产和生活条件较好，这可以让丁玲夫妇少受些苦和累，多一些精神安慰。王震还特别指示农场不要把 54 岁的丁玲编入集体劳动和生活的"右派队"，而是单独安置，免受刺激。这当然是一种特殊照顾，也是一种精神安慰。人们都夸"王胡子粗中有细，用心良苦"。

尽管如此，王震仍不放心。有一次，他到北大荒考察，在密山农垦局办公室找到丁玲亲切谈话。一张口就说是"思想问题嘛"！意思是说她犯的是思想错误，不是敌我矛盾，让丁玲大为宽心。接着又劝慰道："我以为你下来几年，默默无闻，埋头工作对你是有好处的。你这个人，我看还是很开朗的。过两年摘了帽子，给你条件，你愿写什么就写什么，你愿意去哪里就去哪里。这里的天下很大……"短短数语，有安慰、有鼓励，耐人寻味，让丁玲在迷茫中见到了广阔天地，看到了希望、光明和前途。

后来，每当丁玲回首初到北大荒的种种往事时，不禁感慨道："当时，我的心情跟安徒生童话中卖火柴的小女孩一样，在黑暗里幻想有人划亮一根又一根火柴，给她的生活带来温暖、光亮、希望。""给我划亮第一根火柴的人，是王震将军。在那个时候，对我们肯伸出手来，他真是个有魅力、有勇气的人，我们感谢他，永远感谢他！"

因为王震给农垦局打过招呼，丁玲夫妇在农场处处感受到一种在北京无法享有的人的尊严，人们不把她当外人，开口闭口喊"老丁"。农场畜牧队让她自由参加劳动，嘱咐累了就休息，不要同年轻人一样干活。那里没有人监督她，没有人批斗她，更没有人要她按时汇报思想。她带了收音机，订了报纸杂志，可以随意听新闻、看报纸。还让她享受农场职工待遇，发给职工工资，钱虽不多，但体现了农场对她的关怀。她很感动，特地向场领导表示，领取农场工资很光荣，但自己经济情况可以不拿农场工资。因为，她当时还有历年的稿费存款近 3 万元。她甚至还掏钱为农场电影放映队买了发电机等设备。

她在畜牧队养鸡很积极，曾主动要求搞杂交鸡饲养孵化试验，场领导批准后，她到牡丹江买了几只澳洲黑和九斤黄的种鸡。在返场的火车上，她怀抱种鸡，精心呵护。回场后，又废寝忘食，细心饲养。谁知一次鸡瘟使种鸡全部死光，她伤心得流下眼泪。

第二年，农场开展扫盲运动，领导考虑到她年大体弱，劝她不再养鸡，改当畜牧队的文化教员。丁玲不辱使命，全身心投入扫盲教育，从畜牧队的实际出发，用顺口溜编了《小黑猪》教材："小黑猪是个宝，猪鬃猪毛价值高，猪肉肥美喷喷香，猪多肥多多打粮……"她还把常用字写成方块贴在职工劳动、休息的地方，抬头见字，低头念字，效果很好。仅一个冬天，队里十多个文盲家属、职工，均能读书、看报，有的还能写信。畜牧队也被县里评为先进单位。

这一年全国政治气候开始缓和，中央批准一些"右派"摘帽。远在北京的王震极为关心丁玲夫妇的政治生活，到处打听，发现摘帽名单中没有他们，深感遗憾。后来，他到北大荒垦区视察时，曾将丁玲夫妇找到佳木斯面谈："今年有一些人摘帽，但没有你们。"丁玲早有思想准备，感谢老领导的关心，表示："我们还是再锻炼一段时间为好。"

1961 年，中央机关又为一批"右派"摘帽，其中有丁玲的丈夫陈明，王震让密山农垦局打电话，要汤原农场党委书记到陈明家中通报消息，陈明感到高兴的同时急切询问："有没有老丁？"党委书记遗憾地摇摇头："电话里没有提到老丁。"丁玲站在一边既安慰陈明，也自我安慰道："我再接受一次考验也好！"

王震一向说话算数，丁玲当初到北大荒时，他曾对丁玲说："过两年摘了帽子，给你条件，你愿写什么就写什么，愿去哪里就去哪里！"然而，如今三年过去了，右派帽子始终未摘。王震心里不安，他知道：关键不在丁玲，也不在农场和垦区，而在中央。无奈中，他托垦区给丁玲传话：告诉老丁不要泄气，要认真改造自己。同时指示农场：政治上要严格、生活上要多照顾，出了问题我负责。

王震不怕划不清界限，一次他到佳木斯把丁玲夫妇作为老朋友，请到农垦局招待所住下，让他们同自己一道坐在沙发上看电影，三人有说有笑，而那些局长们则坐在他们后边。王震举办舞会，也请丁玲夫妇参加。在场的人都知道丁玲夫妇是王震部长的客人，这是一种难得的待遇。

这一年，王震还以寻找美国作家斯诺借走的长征地图为由，把丁玲夫妇找到北京农垦部面谈。那天，天气寒冷，王震身披军大衣，在办公室同他们热烈握手，只字不提长征地图之事，而是直截了当地说："这次帮你们解决问题。"表示"你们的问题，我负责到底"。随后安排他们在农垦部招待所住下，要他们耐心等待。

当时，农垦部按照组织程序，先让汤原农场申请为丁玲摘帽，逐级上报，省农垦总局同意后呈农垦部，农垦部批示同意，报送中央。为使问题顺利解决，王震又给中宣部张子意副部长写信。张子意曾批示："作协是怎么搞的，为什么不给丁玲摘帽？"丁玲在农垦部招待所也给作协负责人写信汇报自己在农场锻炼的情况，提出要回机关看望大家。然而，作协领导人谁也不敢出面，推东推西，只好作为一大难题搁起来了。

丁玲扫兴而归，深感抑郁，曾说："这对我不能不痛苦，恨自己改造得不够，也迷茫于不知今后该如何改造？"

为了让丁玲走出抑郁的心境，王震指示北大荒垦区安排他们到八五二、八五三等大农场参观，听场史介绍，接触先进人物，了解职工生产生活，振作精神向前进。

事后，王震又指示将丁玲夫妇转到宝泉岭农场安家落户，并明确布置"以创作为主，也可参加基层工作"。

宝泉岭农场是北大荒垦区的机械化大场，生产发展快，经济实力强，以场部为中心形成了一个小城镇，人口超过一万，场内文化、教育、卫生、交通事业发达。王震想让丁玲夫妇在晚年有一个更好的生活环境。

丁玲夫妇在汤原农场共住了七年，与农场干部、职工同劳动、同生活，结下了深厚的友情。他们舍不得离开汤原农场，汤原农场也舍不得他们离去，职工曾迷惑不解地问："我们这里不好吗？"丁玲说："这里好，同志们对我好，我也舍不得离开。但我们总不能在一个单位住一辈子，我们想到别的农场多看一看，将来如果写东西，不是更好吗？"接着，她又幽默地开玩笑道："我这个人是个灾星，在一个地方待久了，说不定会给你们带来苦头！"弄得大家哭笑不得。

为了表达谢意，丁玲夫妇曾专门徒步到畜牧队附近的生产大队，去同昔日的好友一一告别，甚至在一个转业少尉家留宿一夜，共诉离别衷情。

遵照王震部长的指示，宝泉岭农场没有给丁玲分配固定工作，只是把工作关系放在总场工会，冬季帮助做职工家属工作，或为职工修改文章。尽管王震让她以创作为主，但因"右派"帽子未摘，也总感到有魔影在缠绕折磨着她，始终无法集中精力埋头创作。结果，1970 年，北京来人把他们揪回去投入秦城监狱，从此告别了亲爱的北大荒。

1981 年，77 岁高龄的丁玲，在经历了"文革"铁窗的磨难后，仍念念不忘北大荒，夫妇二人结伴同行重返北大荒，亲切探望当年风雨同舟、苦乐共享 12 年的农场故友。他们站在黑土地上深感：当年，如果没有王震将军和农场干部职工的热情关爱，他们很难熬过那艰难的岁月，顽强地活下来，是王震将军和农场给了他们生活的希望和勇气。

## 让艾青当副场长

著名诗人艾青 1957 年反右斗争后，也被划为右派，列入敌我矛盾，政治上遭遇厄运。许多人为避嫌，都不敢与之往来。唯有王震对他深表同情。

一天，王震把艾青找到自己家中促膝交谈，劝他不必灰心丧气，而应鼓起勇气面向未来。第二天，王震又心生一计，主动到艾青家中让他离开北京，转到自己管辖的北大荒农场去安家落户，换个环境，重新生活和工作。他还动员艾青的爱人和保姆一道去北大荒生活。这使艾青夫妇在心灰意冷中感受到阵阵暖意，接受了王震的安排。但保姆惧怕北大荒太冷，不愿同行。热情的王震又临时从农垦部找了一人陪他们去北大荒。

艾青夫妇抵达北大荒后，被安置在八五二农场。那也是一个老场、大场，王震早已嘱咐场领导："要关心、照顾、帮助艾青，尽快让他摘掉帽子回到党内来，要让他多接触群众，了解农垦战士。"同时，他又以老朋友的口气，半开玩笑地对艾青说："老艾呀，你要是搞不好，我是要骂你的！"

1958 年，全国十万转业官兵从各省市争先恐后涌向北大荒，掀起了大规模垦荒造田的热潮。为了热烈欢迎前来参加北大荒大会战的官兵们，身为农垦部长的王震特地从北京赶到通向北大荒的交通关口——密山火车站。只见火车站广场上红旗翻卷，锣鼓喧天，数万垦荒大军精神焕发，士气旺盛，王震心情激动，发表了热情洋溢的动员讲话。他一向心直口快，想到什么就说什么。他讲话时突然想起了诗人艾青，于是脱口而出说："你们知道诗人艾青同志吗？他也到密山报到啦。他是我的老朋友，是来写诗歌颂你们的！"这富有鼓动性的话语，立即在全场引起热烈的掌声。粗中有细的王震，此时似乎又意识到艾青刚刚被打成右派，而自己却在数万人的广场上赞扬他，好像有些不妥。于是，他又轻轻地补充了一句："当然喽，他是来改造思想的，跟你们不一样。"

说艾青同大家不一样，确实是王震实话实说。因为，艾青到北大荒报到后，立即被任命为八五二农场林业分场副场长。他是垦区唯一挂了副场长头衔的"右派"。不仅如此，艾青到职时，王震还专程赶到八五二农场亲自向大家作介绍。那天在农场干部大会上，他操着浓重的湖南乡音大声说："在延安时，艾青就是写诗的名人。那时，我在南泥湾搞大生产，当三五九旅旅长。我们早就是老朋友，你们要像尊重其他领导一样尊重艾副场长。"王震讲话一向有自己独特的风格，喜欢即兴发挥。他边讲边把目光扫向会场，突然用手指身边的农场党委书记说："他那时在延安是我们警卫营的营长，开发南泥湾有他的一份功劳，今天我和他一起来到北大荒办农场，叫你们大批转业官兵也来，走的就是南泥湾道路，要叫北大荒变成北大仓！"为避免话题跑得太远，他随即收回话题，继续将脸转向艾青说："老艾呀，你是诗人，不要忘了，你是要笔杆子的，要多积累素材，多反映英雄开发北大荒的事迹。"那时，艾青刚到农场，头上还有一顶"右派"帽子，政治压力很大，思想包袱很重，总感到有些抬不起头来。如今，王震却在大会上一口一个老艾叫着，一口一个大诗人夸着，他深为尴尬。出于礼貌，他不得不站起来向大家欠身弓腰，略致谢意，并表示："我一定要好好干。"同时，他又很有分寸地解释道："至于王部长说的大诗人的桂冠，请同志们以后就不要再提了，我相信大家是理解我的心情的。"

八五二农场的干部职工，确实像王震要求的那样，处处尊重、关心艾青。当时，场里盖有四幢俄式木屋，是全场居住条件最好的宿舍，供场领导使用。场党委书记和场长、副场长三人，都是部队转业的师级干部，又是立过战功的老红军，三家各住一幢。剩下一幢，就安排艾青一家人住进去。这种特殊照顾，使艾青一家人既感激又不安，决心以好好干的实际行动，答谢垦区上下对自己的关怀之情。每天清晨，他和妻子高瑛早早起床，然后从总场出发，踏着泥泞小道，徒步到林场上班，风雨无阻、从不间断。

尽管农场上下对自己处处尊敬、照顾，但毕竟"右派"帽子未摘，艾青在政治思想上始终谨慎小心，平时沉默寡语，只知带头干活，很少与他人交往，避免惹是生非。但他毕竟是诗人，勤于思索，爱好写作，已成了他的生活习惯。白天劳动，晚上常躲在小木屋执笔写作，抒发一下自己的情感和心声，这是他的秘密，从不对外张扬。然而，世上没有不透风的墙，久而久之，写诗之事还是被场里一位老乡、转业军官孟达知道了。有一天，这位老乡、好友突然悄悄凑到身边低声问到："艾青同志，听说你在写长诗《老头记》哩?"秘密被人发现了，艾青心里一愣，随即不安地反问："你怎么知道，这是听谁说的?"孟达见艾青惊慌失措、神色不安，不禁笑着安慰："老艾，你放心写吧，我是不会告发你的，也不会告诉别人。"听了老乡这番诚挚之言，艾青满脸窘相，口吃地解释道："我……我……我当前的处境……唉……"孟达见艾青有难言之隐，理解他的处境，只好拍拍他的肩膀，改换话题，不再提写诗这事。

后来，听说艾青在北大荒确实创作了一部长诗，而且还拿给王震看了，王震说过诗写得不错，但因当时政治气候不适宜，没有让他拿出去发表，这是一种保护性策略。

第二年，王震计划到新疆考察生产建设兵团，他想起了远在北大荒的老朋友艾青。于是，执笔写了一封信，征求艾青的意见，询问愿不愿随同前往，到西北戈壁滩看看那里的军垦农场。艾青当然愿意同行，有利于了解更多的情况，何况延安时期的老战友张仲翰等又在新疆生产建设兵团担任副政委，也可以见见老朋友。尽管如此，艾青仍严格遵守组织纪律，按组织程序向八五二农场领导汇报请示。

几位场领导同艾青夫妇朝夕相处，风雨与共已有一年多，他们为人正直、办事认真、任劳任怨、乐于助人的优秀品格，给大家留下了深刻的印象。更为感人的是：这一期间，艾青为了帮助林场工人减轻劳动强度，提高工作效率，改善职工的文化娱乐活动，特地用积存的稿费，为林场添置了发电机、电锯、电话机、话筒、扩音器等设备。平时，每当大家看到闪亮的电灯，听到优美的乐曲和隆隆的电锯声，自然而然地就想起了诗人艾青，舍不得他突然离开。但为了便于他的创作，让他到新疆垦区结识一个新环境，更好地丰富生活，开阔视野，人们又不得不同情和支持他们从北大荒转向西部边疆。

当时，新疆垦区正处于新的大发展时期，在王震部长倡导下，大批上海等地的城市知识青年奔赴新疆石河子和阿克苏建农场、办工厂，石河子迅速发展为戈壁滩上的"小上海"。那里良田棋布、渠道纵横、林带葱郁、工厂林立、道路宽广，令人耳目一新、精神振奋。王震部长和新疆生产建设兵团副政委张仲瀚，在石河子热情迎接从北国边疆转来的大诗人艾青夫妇，让他们一道随同去南疆阿克苏、喀什农一师、农二师参观，使他们大开眼界。最后，王震、张仲瀚等安排艾青夫妇在石河子农八师招待所一幢别墅式小屋里安家落户。从此，他在石河子整整待了16年，并用诗人的眼光和思维，去细心体验军垦战士战天斗地，艰苦建造农垦事业的光辉业绩，为后来创作诗歌、散文积累了丰富的素材，写下了许多赞颂戈壁滩变绿洲的诗歌、散文，仅《绿洲笔记》一书，就汇集有近40万字的佳作。他曾用诗歌热情赞美石河子城：我到过许多地方/数这个城市最年轻/它是这样漂亮/令人一见倾心/不是瀚海蜃楼/不是蓬莱仙境/它的一草一木/都由血汗凝成/你说它是城市/却有田园风光/你说它是乡村/却有许多工厂……/艳阳天，风雪天/在黎明，在黄昏/一年三百六十五天/看它三万六千遍/因为它永远在前进/时时刻刻变模样/因为我透过这个城市/看到了新中国的成长……

## 调丁聪编画册

王震将军不会绘画，也不懂绘画，但却喜欢看画，更器重绘画人才。

著名漫画家丁聪系《人民画报》社副总编。他的漫画形象动人、风趣幽默、发人深思。1957年，反右斗争时，他正在国外访问，对反右斗争的严重性、复杂性一无所知，缺乏体会。回国后，反右斗争高潮已经过去，各单位都忙于扫尾，他侥幸避开了。出于好心，领导主动找他谈话，提醒他要言行谨慎小心，免得给自己添麻烦。然而天性耿直的丁聪偏偏健忘，在一次座谈会上，他禁不住实话实说，如实袒露了自己的真实思想，算是向组织交心。谁知有些话出了格，犯了禁忌，结果引火烧身，惹下大祸。加之，他往日的好友吴祖光等被文化系统打成所谓"二流堂集团"，丁聪更是在劫难逃，由此戴上一顶"漏网右派"的帽子，随即发配到北大荒农场劳动改造。

丁聪被安排在北大荒的云山农场参加修建水库，先是在五一水库劳动改造，后又到云山水库劳动。建水库是个重体力劳动，每天在工地上不停地挖土、铲土，肩挑沉重的泥筐，使劲冲上堤坝垫土，整天来回奔跑，晚上收工后躺在工棚里肩痛、腰痛，动弹不得。幸好，丁聪年方40岁，血气方刚，身强力壮，在工地上能干活，也能吃能睡。一上床就呼呼大睡，什么烦恼也顾不上去想。一觉醒来，精力恢复，重又朝气焕发，倒也活得自由自在。

丁聪尽管在画报社是副总编，但他为人老实，脾气随和，没有架子，也不乐意争强好胜。凡事爱听别人指挥，别人怎么说，他就怎么干。生活小事，从不计较。他一生别无所好，只爱绘画，绘画已成了他生命中不可缺少的重要组成部分。当初，把他打成"漏网右派"，让他到北大荒劳动改造，他也无所谓，毫不在意。他在意的是怕农场不让他画画，断了他宝贵的艺术生命。所以，在离京前收拾行李时，他特地将画画用的宣纸卷得紧紧的，偷偷藏在衣箱底层，唯恐别人发现没收。在水库工地集体休息时，他也不忘画画，找一根树枝在地上乱画，实际是在练画画技巧。收工回到宿舍，周围无人时，他就偷偷拿出宣纸画画，或追记劳动人物场景。画画需要一把画尺，不便四处张扬购买，灵机一动就把腰上的皮带解下，在皮带上划好一道道刻度，作为画尺使用，用完又系到裤腰上去，谁也发现不了，好像是在搞地下工作。他这样偷偷画画的时间并不长，不久他时运好转的日子突然来临。

那天，水库工地天气虽然寒冷，但阳光灿烂，红旗招展。丁聪正戴着棉帽，喘着大气，满头大汗地在埋头挖土、运土，忙得不可开交时，从北京来到垦区视察的王震将军，突然派人到水库工地大声寻找丁聪，要丁聪立即到场部去，说部长找他谈话。他甚感诧异，但又不便询问，只好老老实实、莫名其妙地跟着到场部招待所。当时，农垦局正在场里召开农垦工作会议，农场招待所内挤满了来自各农场的头头，大家穿着一色黄军装，热热闹闹，急切地等候王震部长接见讲话。谁知此时王震却把一大批场长、书记撇在一边，优先安排单独接见丁聪。

丁聪刚一进王震休息的房间，就被一双大手热情握住，让他坐下，然后半开玩笑、半认真地说："丁聪同志，要是你不犯错误能来北大荒吗？"

"是的，不犯错误我是不会来的。"丁聪毫不隐讳，实话实说，引得王震哈哈大笑。

接着，王震开门见山告诉丁聪："我现在准备把你从工地调出来，编一本画册，取名《云山水库画册》，你同意吗？"

丁聪早就知道王震在战场是位猛打猛冲、英勇杀敌的虎将，没有想到他对艺术还有偏爱，而且出主意调自己来编画册，这真是"踏破铁鞋无觅处，得来全不费工夫"，完全出乎意料。他庆幸自己从此不必像做地下工作那样偷着画画，而且可以名正言顺、光明正大地从事艺术创作，内心无比兴奋。奈因自己头上还戴有右派帽子，他不便明显暴露兴奋、感激之情，只是默默地点点头。

王震一向善解人意，见丁聪只点头不吭气，知道已同意，于是接着鼓励道："你要好好地发挥你的专长，把复转官兵开发北大荒、抢建人丁湖的英雄事迹，用图片形式记载下来……"王震知道编画册任务繁重、复杂，绝非丁聪一人所能承担，故又进一步具体指示："编画册的人手不够，可由你自己挑选！"从此，丁聪离开了云山水库繁重的体力劳动，重新开始了绘画的艺术生涯。

挑选助手，他首先想到了《人民画报》的吕向全。小吕是小八路出身，在解放战争中经受过炮火考验，因为喜爱绘画艺术，新中国成立后成为《人民画报》年轻记者，工作很有成就。反右后期，因受丁聪牵连，也被打成"漏网右派"，同赴北大荒劳动改造。他俩风雨同舟，患难与共，既是好友，又是难友，情长谊深，是编画册的好搭档。丁聪的选择迅速获得场领导的批准。于是，两位画友兼难友团结协作，密切配合，为编画册废寝忘食，日夜奋战，在所不惜，颇有一种"士为知己者死"的精神。他们与云山水库的体力劳动者同步前进，待水库胜利竣工时，他们也终于将《云山水库画册》编印完毕，圆满完成了王震将军交给的光荣使命。随后，他们又被北大荒农垦局双双调进《北大荒文艺》编辑部，继续从事美术编辑工作。

在《北大荒文艺》编辑部，举凡封面设计、插图、刊头、补白、画板样这一类既烦琐、又细致的美编工作，往往都由丁聪具体操办。那时，编辑部设在虎林，印刷厂则在密山，两地虽然有铁路相连，但铁路是北大荒垦区自己建、自己管的，机车、车厢都是正规火车站淘汰下来的旧设备，车厢是闷罐车代替，冬天不保暖，还要生火炉。为了把《北大荒文艺》印好，送到读者手中，丁聪常常冒着狂风冰雪，乘坐破旧的闷罐车，在密山、虎林两地之间来回颠簸奔走，虽然劳累辛苦，但毕竟从事的是自己一生钟爱的绘画艺术事业，劳而无怨、心甘情愿、干得很欢。他常想如果没有王震将军的热情关爱，他当时是很难重返绘画这一艺术领域的。

1994 年夏天，74 岁高龄的丁聪重返北大荒垦区，登上当时自己参加与修建的五一水库和云山水库，面对银光如镜的水面和枝繁叶茂的山林，呼吸着黑土地上的清新空气，感慨万千，浮想联翩，欣然提笔写道："我知盘中餐，粒粒皆辛苦，战天又斗地，旧貌变新颜。"接着，他又从水库走到云山农场场部附近寻故访友。当年王震部长同他谈话、让他编水库画册的那个老招待所，早已荡然无存。原地已盖起一座新的漂亮的招待所，同样是旧貌变新颜。

## 为"右派村"改名

北大荒八五三农场二分场六队，是个"右派"生产队。中央机关送往农场劳动改造的"右派分子"，大多集中在那里。

当时，"右派分子"均定为敌我矛盾，打入另册，单位同事、家庭亲人都要站稳立场，与其划清界限。往日充满温馨的革命友情一扫而光，整个社会风气顿时变得冷漠无情。战场上同生死的战友也断绝来往，一些好夫妻被迫离婚，父子、母女违心脱离关系者大有人在。

然而，王震将军在这个政治大动荡的时刻，却显得非常冷静、理智，严肃的面部表情中，始终深藏着一腔热情，而且通过巧妙的方式，把宝贵的温暖传送给被社会冷落的人们。

一天雨后，正在八五三农场视察工作的王震，身着黄军装，光着平头，一副战士打扮，踩着泥泞小道，没有前呼后拥的人陪同，悄然只身来到六队临时搭建的帐篷门口。正巧碰上《人民中国》杂志下放劳动改造的孙某，王震打听："这是队部吗？"孙答："是的。""是指导员吗？"孙答："不是，我是文化部《人民中国》杂志社来的……""噢，"王震会意地点点头，并随意地说，"《人民中国》杂志，我知道，去年我还给你们写过文章哩！"他见孙某不认识自己，立即自我介绍："我是王震。"他边说边伸出大手，同孙某热烈握手。孙某惊讶间感到一阵暖意直奔心间，此时他才知道对方是大名鼎鼎的王震。王震部长毫无架子，又问孙某是哪个大学毕业的？孙某答：只上过抗日中学。王震勉励他："跌了跤不灰心，这么年轻，以后在农场干下去，肯定会有光明前途。"

指导员听说王震部长光临本队，匆匆赶回帐篷接待。王震不知道他是谁，先握手，后问："你是哪个单位来的？"指导员立正回答："北京警卫师的。"王震又问："你也是右派？"对方答："不是，是组织上决定我转业来带他们的。"王震乐哈哈地说:"这个工作很重要,你要把他们带好,将为农垦战线立一功!"

不一会儿,队长也闻讯赶回,他也是转业军官,王震同他寒暄几句后提出要同全体右派见面。指导员让孙某快去劳动工地召人。

正在劳动的通俗出版社总编辑蓝玉,听说王震下生产队,情不自禁地了一声:"哎呀,我们的老旅长来了!"原来蓝玉是早年在延安投身革命的知识分子,曾在三五九旅编过报纸,同王震比较熟悉。反右斗争中,他被报社点名批判过,因态度"不老实、不认错",被送到北大荒劳动改造。此时此地,耳闻老领导来了,当然甚感惊奇,很想去见见老领导、说说话。奈因自己头上戴有"右派"帽子,又觉得不便出头露面。于是只好长叹一声,随即隐身于人群中,始终把帽檐压得低低的,不敢露脸面。

不一会儿,全队人员从四面八方赶来,迅速汇集到队部附近的一棵大树下,静静听候指示。只见王震迈着矫健的步伐走出帐篷,在大树下用和蔼的目光向大家扫视了一下,指导员正欲向大家作一番介绍,谁知王震却抢先开口道:"同志们好,我叫王震!""同志"二字,是20世纪50年代最流行、最亲切、最宝贵、最悦耳的称呼,象征着革命、信任和友谊。素不相识的陌生人,只要叫一声同志,双方的隔膜就会消除,距离就会拉近。然而,反右斗争后,这一大批革命者即被踢出革命家门,成了被组织遗弃的孤儿,处处低人一头,内心充满了泪水、苦涩、孤独、痛苦。如今突然听到王震将军亲切、大声问候"同志们好!"大家既惊讶、又兴奋,感受了温暖,看到了希望之光,一个个都热泪盈眶。

接着,王震又向大家风趣地讲述了一段几年前的往事:"在中央一次讨论如何处理右派的会议上,我建议中央各部不要的右派统统交给我。当时，有人对我开玩笑说："你一下子吃了这么多右派不怕闹肚子？"我不仅不怕，而且要用最短的时间，把他们锻炼成有用之才。中央批准了我的建议后，我给北大荒接收单位打了招呼，要他们热情接待，同志相称！要使右派在各单位受批判而冷了的心，到北大荒再热起来！"这是多么充满人间温暖的话语，树下人群中顿时爆发出热烈的掌声。随后，王震又满怀激情地提高了嗓门说："同志们，我相信你们！"掌声再次从人群中轰然腾起，在北大荒黑土地的上空久久回荡。许多人把手拍痛了，也不愿停拍；有些人情不自禁流下热泪，也不愿去擦。几年中，大家一直渴望听到如此亲切、温暖、鼓励的话语，但在那以阶级斗争为纲的岁月里，迫于政治压力，谁也不敢冒风险说这样的话，只有大胆勇敢的王震将军，勇于向"右派"伸出热情的双手，敢于说出人间亲切、温暖、鼓励的话语。

突然，王震在树下又向大家询问："你们这个村子叫什么名字？"众人齐答："没有起过名字，平时大家习惯叫右派村。"王震一听"右派村"三个字连连摇头，明确大声反对："这个名字不好！"他眉头一皱，低头沉思了一会儿，随即开口道："我建议改一改，叫向左村好不好？"他的话音刚落，人群中爆发出雷鸣般的掌声，大家眉开眼笑，群情激奋，欢庆村子从此有了响亮的好名字。

工震的工作很忙，他讲话后不一会儿就向大家告别，沿着原来的泥泞小道徒步离去。大家在大树下以热烈的掌声和无比敬佩的目光为他送行，直至看不见他高大的身影……

# 父亲邓拓的收藏与捐赠

———
邓小虹

　　2011 年 1 月 27 日，中国美术馆 50 年捐赠作品大展隆重开幕，春节期间免费向社会公众开放 7 天。这是中国美术馆所藏捐赠作品的第一次集中亮相。不少人是为了一睹已传世 900 年的稀世珍品——宋代苏东坡《潇湘竹石图》而来。人们在大饱眼福、欣赏精美作品的同时，更感叹捐献者们的美好心灵，被捐献者们的无私奉献精神深深地感动着！特别是当人们了解到邓拓早在 1964 年就将自己珍藏的 145 件国宝级中国古代绘画作品无偿捐献给国家时，再联想到他在"文革"中遭受的不公正的批判，无不感慨万千！

　　作为邓拓的子女，我们受邀出席了捐赠作品大展的开幕式。我们凝视着苏东坡的《潇湘竹石图》以及八大山人、石涛、仇英、沈周等名家的绘画精品，回忆起当年父亲摩挲着这些他珍爱的藏画，以及他慷慨地将其悉数捐赠给国家的情景，许多往事浮上心头。

## 枪林弹雨之中抢救文物

1912 年正月初九，父亲出生在福州第一山一个贫寒的知识分子家庭。我的祖父邓鸥予是清朝最后一科举人，民国时期在福州师范学校担任国文教员。他对子女的教育十分严格，规定了每天必须完成的晨课——练字和背诵古诗文，使父亲从小熟知并热爱中国传统文化。1929 年夏，父亲考取上海光华大学社会经济系，次年冬天在上海加入了中国共产党，开始走上革命道路。他在此后 30 多年紧张忙碌的革命生涯中，始终保持着对中国传统文化的热爱与追求。抗日战争爆发后，他辗转到河南大学经济系读书，被学生推举为"中华民族解放先锋队"开封总队长，一边读书一边从事抗日工作。在组织学生抗日救亡工作之余，他撰写发表了一系列关于中国历史问题的研究论文，1937 年 6 月，25 岁的他撰著的《中国救荒史》由上海商务印书馆出版，至今仍是我国唯一一部研究中国历代救济灾荒的历史专著。

作为历史学家，他深知历史文物收藏和保护的重要。战争年代，他工作过的晋察冀边区就是春秋战国时期的燕赵之地，著名的燕下都遗址武阳台就在河北省易县。他进入晋察冀根据地后，在战斗的间隙也十分注意对文物的收集。如今陈列在中国历史博物馆的河北易县燕下都遗址出土文物（燕陶馆藏品部分）就是他收集来的，山西阳高县古城村汉墓出土文物也是他亲手保存下来的。在游击战争紧张艰苦的环境中，这批文物能够辗转保存下来，十分不易。张家口解放不久，他就把这批文物装上大车拉到张家口，捐赠给当时的华北博物馆筹备处，1949 年北平解放后运交历史博物馆收藏。父亲为研究中国资本主义萌芽而收集的大量重要实物资料，包括明清时期北京门头沟煤窑业的文书契约，明清时期的土地买卖和租赁契约、车厂揽运合同，宋代女词人李清照的画像等等，他都捐献出来，充实了中国历史博物馆的陈列内容。1959年，由范文澜、翦伯赞、钱俊瑞、王冶秋等推荐，经北京市委和中宣部批准，父亲兼任中国历史博物馆建馆领导小组组长。他以认真负责的精神鉴定了大量的历史文物。

在父亲撰写的《燕山夜话》中有一篇文章题名为《收藏家的功绩》，他在文章中说："无论在中国还是外国，历代都有许多收藏家，他们的活动对于各国人民的文化和学术事业直接产生积极的影响。因此，我们在研究历史文献的时候，对于收藏家的功绩，应该予以适当的正确估计……一个国家，特别是具有长期革命斗争传统的国家，历史文物往往非常丰富，光靠国家博物馆收藏是不够的。如果有一批民间收藏家，随时随地注意收藏革命的历史的大大小小的各种文物，贡献给国家，那就方便得多了。"

## 为我们办了一场小小的家庭展览

1959年，父亲离开了工作十年的人民日报社长兼总编辑的岗位，到北京市委任书记处书记，分管文教工作并任市委机关刊物《前线》杂志总编。对父亲来说，时间变得相对宽裕了。他在工作之余开始潜心研究、收集中国古代绘画作品，准备撰写一部中国古代绘画史。他向朋友们说："欣赏研究书画，既可以消除疲劳，又可以在娱乐之中获取知识。"遗憾的是，文化大革命的突然来临，使他这一愿望终究没能实现。他在生活上从无奢求，却几乎把全部积蓄都用在收集古画上了。在他的办公室里，总是悬挂着他收藏的古代字画。关于他对古字画的痴迷，母亲曾戏谑地说："以后你索性前后披挂上古画为衣吧！"

因为父亲工作很忙，我们家的孩子基本上从小都上寄宿制学校，很少有时间和父亲一起休闲玩耍。父亲收藏的许多字画我们也没机会看过。为了提高我们对中国字画的欣赏能力，也为了让父亲和我们尽量多地相处，并能休息一下，有一次，母亲建议父亲为我们办一个小小的家庭藏画展。当时，父亲从他珍藏的字画中挑选出十几幅挂满了他的办公室，认真而通俗地向我们逐一介绍那些古画的时代背景、画家的性格特点以及各自的风格。那些字画多数都是黑乎乎的，虽然年幼的我们完全不懂它们的珍贵价值，但随着父亲的讲解，我们像在一个神秘的树林中穿行，深深感悟到祖国文化历史的悠久，了解到许多古代文人画师坎坷不幸的经历。这真是一个奇妙的世界啊！

## 卖掉 14 幅画买来了一幅《潇湘竹石图》

在父亲收藏古画的过程中，最有名的就是 1961 年他买到那幅苏东坡《潇湘竹石图》的故事了。那年夏天，父亲听荣宝斋的许麟庐先生告诉他，几天前一位四川来的老先生曾拿着一幅苏东坡的手卷——《潇湘竹石图》去故宫询价，准备转让。故宫的鉴定专家说那幅画是赝品，收藏人十分生气，携画而去。有古籍记载苏轼流传在世的画迹仅《枯木怪石图》和《潇湘竹石图》两幅，在抗日战争中，《枯木怪石图》流失到了日本，使得《潇湘竹石图》更加弥足珍贵。父亲听罢急忙托付许麟庐帮助他打听收藏人的下落。不久，许麟庐带着《潇湘竹石图》的收藏者白先生来到家中。父亲接过画卷，走到案前，展开全图。画面上一片土坡，两块怪石，几丛疏竹，左右烟水云山，渺无涯际，恰似湘江与潇水相会，遥接洞庭，景色苍茫，令人心旷神怡，隽逸之气扑面而来。父亲对白先生说："你这幅画我也不能辨别真伪，但从目前情况来看，这幅画的珍贵是毋庸置疑的，很有研究价值。"艺术上的共识使事情很顺利地谈妥了，这幅画定价 5000 元。由于一时手头拮据，拿不出很多钱，父亲拿出几天前从北京晚报预支的写作《燕山夜话》的 2000 元稿费当即付给这位老人。第二天，父亲请荣宝斋的师傅来家中从他的个人收藏中挑走 14 幅画，凑齐 3000 元后付清全部画款。

收藏了《潇湘竹石图》后，为了研究和考证，父亲从历史博物馆借来历代丝织品的样标，用放大镜细心观察、分析历代丝织经纬的特点；同时也大量查对苏东坡不同年代的书法作品，潜心琢磨苏氏的用笔特点，广读苏东坡所用的金石印鉴，对这幅画进行了深入细致的研究考证。半年后，终于得出结论，这幅画确是苏轼真迹。他把研究结果写成了《苏东坡潇湘竹石图题跋》一文，连同画卷以"左海"笔名发表在 1962 年第 6 期《人民画报》上。此外，他还刻了一枚"苏画庐"的闲章，以示自己收藏到这幅珍品的欣喜之情。

父亲收藏苏东坡《潇湘竹石图》的消息不胫而走，一些老同志、老画家朋友都登门前来观赏。不久，一些别有用心的人散布流言，写信诬告说，父亲收藏苏东坡的《潇湘竹石图》是与国家收藏工作抢购文物，是玩物丧志，一时间闹得谣言纷纷。1964 年秋，父亲请许麟庐先生同他一起花费了几天时间，把自己收藏的古代绘画全面地进行了一番鉴选，精选出 145 件佳品，其中包括苏东坡的《潇湘竹石图》，精心在所有作品盖上自己的收藏章。经当时中国美协秘书长华君武叔叔联系，父亲将这 145 幅古代字画全部无偿捐献给中国美术家协会。捐献活动既无仪式，也没有一纸报端消息，一切做得非常平静。父亲的无私正如他曾在一首诗中所写的："心爱斯文非爱宝，身为物主不为奴。"

1984 年春，为了掌握十年文化大革命后中国大陆文物的保存状况，国家文物局组织了鉴定文物专家组，历时五年，对全国的博物馆收藏进行鉴别、造册。当他们来到中国美术馆对保管的邓拓捐献文物进行鉴定时，中国南北方五位文物鉴定专家谢稚柳、启功、杨仁恺、刘久庵、徐邦达终于以多数认定，确定了《潇湘竹石图》为苏东坡的真迹。

## 145 件古代书画的跌宕命运

父亲当年捐献自己的私人收藏给中国美术家协会，是希望让这些古代的艺术品能为更多的人观摩、学习，以传承我国璀璨的历史文化。在中国美术家协会给父亲的回函中，亦说明："根据您的意见，妥为保管，并适当机会予以陈列，供美术家们观摩。"

但是很快，"文化大革命"的浪潮席卷中国大地，父亲由于撰写《燕山夜话》《三家村札记》被诬陷为"反党、反社会主义的黑帮分子"而罹难。从 1964 年直至 1981 年，他捐献的这批古代书画作品在尘封中度过了 17 年。1979 年，父亲的冤案终于得以平反。针对文化大革命中对父亲无私的收藏活动的中伤、诬陷与谩骂，在母亲丁一岚的主张下，1981 年 12 月 19 日，中国美术家协会举办了"邓拓藏画、书法展"，使这些宝贵的文物第一次对世人展现。母亲在展览开幕仪式上说："1964年，为了让更多的人能欣赏、研究中国古代传统的艺术珍品，他把自己最喜爱的、最有研究价值的一批古代绘画作品，毫无代价地捐献给中国美术家协会。"遗憾的是，这些躲过"文革"浩劫的古代书画作品，依据保存状况，几乎近半无法打开陈列，可以展开陈列的仅 72 件。

借北京申办 2008 奥运会成功之机，我们写信给中国美术馆，希望在 2008 年北京举办奥运会时，让父亲捐献的这些古代书画作品中的精品可以提供给到北京来的国内外观众观赏。经过努力，中国美术馆向财政部申请到一笔专项经费用于这批字画的装裱、修复，开始启动修复工作，并回信表示："将依法认真履行好国家赋予的保管监护责任，充分发挥这批藏品的社会作用，不辜负邓拓同志当年利国利民的宏愿。"

目前，中国美术馆正在加紧对父亲捐赠字画的保护性修复，并计划在 2012 年春节，也就是父亲百年诞辰时，将他捐赠的所有字画作一次专展，以示对父亲无私的爱国情操的永久纪念。我们期待着那一天的到来。若父亲在天有灵，也一定会感到欣慰的……

# 晚年的忏悔

## ——袁水拍书信两札

———

张宝林

最近，整理岳父岳母的信件，发现了许多很有价值的史料。其中有袁水拍的两封信，展而读之，怃然良久。

## 袁水拍的两封信

先看看这两封信。

高汾同志：

我不久前约张宗汲同志，去他家录音。原定的是下午，后改了上午，却未及告宗汲。至则告以你也被他约了上午。真是不巧。他还说了，你报已迁移，地址未记下，就寄到人民日报宿舍——这地址是去年你们写信告我的。承你们为云珍去世写了吊唁信。谢谢！

我的问题仍无下文，乏善足陈。怀雨在钢院当讲师，刚健算是研究生。平时老大夫妇回来住，老二夫妇则周末回来。你们必很忙，唯集兄在社址东移条件下，办公方便多了。丁一岚同志见赠追悼邓拓同志的铅印册。我对报社固留下难忘之记忆也。

祗颂俪祺

水拍　五、廿八

此信因错写地址，被退回。最近去问了张宗汲，才知道号码被我记错了。

（注：张宗汲，老一辈业余无线电活动专家，抗战时期曾任中国业余无线电总干事。）

高集高汾同志：

日前集兄来病房，甚感！

纪念杨刚大姐同志的大作，已在妇刊读到。写得很好。使我知道了更多过去不清楚的事。

近读到夏衍同志纪念金山文，其中似有人易犯错误之句。我最近的气喘，较入院时加重，与数月前趋府上"采访"大姐事迹并蒙赐饭时，已大不相同。想到下降势头不小，便希望高汾在方便时，为我向夏公代致歉意。"文革"前，即所谓"旧文化部""整风"时，我在中宣部文艺处。"整风"中，我虽不分工在"旧文化部"的有关运动中，但曾与夏公接触。有什么具体的"左"的错误？非短信所能备述。总之，有。应该补向过去领导提携后辈的夏公道歉。这是一。还有，报载《上海屋檐下》重新演出。忆及五十年代，北京演出时，我也受"左"的支配，在整个地对它作浅薄的赏析时，也谬加挑剔，十分幼稚。我的错误自然不光这么一点点。只是想到，就想向他致意。在一个时期内，无法见到他。叨在老友，也许可能帮我把忏悔的心情转达，则非常感谢了。从悼金文看，夏公不见得在乎这点，甚至还要批评我，那也是应该接受的。

匆此祝好

袁水拍 八二、七、十八

（注："妇刊"，指《中国妇女》杂志。高集回忆杨刚文章刊登在这本杂志上。）

## 江南才子的悲剧人生

袁水拍注定是个悲剧人物。他冰雪聪明，才华横溢，著作等身，交游广泛，集作家、文艺评论家、诗人、文化官员于一身，胜任愉快，游刃有余。不幸"文革"后期上了"四人帮"的船，不明不白，欲罢还休，最后郁郁而终，死时才 66 岁。

袁水拍，江苏吴县（今苏州）人，中共党员，肄业于沪江大学。1937 年在香港参加文艺界抗敌协会，任候补理事、会刊编辑。抗战后期，任《新民报》《大公报》编辑。解放后，任职《人民日报》，后到中宣部工作。中国文联第一、三届委员，中国作协第一、第二届理事，全国第三、第四届人大代表。

袁水拍除做编辑、当作家，也长期担任文化官员，最高当到文化部副部长。不过是在十年浩劫的最后几个月，像是一个倒霉鬼，在大厦即将倾覆的前夜，匆匆登上了通往顶层的电梯。"文革"后，他被作为"四人帮"余孽审查了很久。我的岳父高集、岳母高汾，解放前曾在《大公报》《新民报》工作，解放后高集一直在《人民日报》工作。所以，他们和袁水拍既是多年同事，也一度是相处不错的朋友。尤其是岳母高汾，在 20 世纪 40 年代初，从香港辗转回到桂林时就认识了袁水拍，在重庆时，也时有过从，算得上患难之交。解放初，两家老小还常常结伴游北海，逛颐和园。

水拍本色是诗人。年轻时，喜欢写抒情诗，和徐迟、冯亦代被人称为"三剑客"。20 世纪 40 年代末，热衷于写政治讽刺诗，出版了两部《马凡陀的山歌》，获得极大的诗名。马凡陀，出自世界语 Movado，意思是"永动不息"，谐音"麻烦多"（吴语，袁水拍的家乡是苏州），这是作者喜欢的笔名。这些山歌，嬉笑怒骂，不拘一格，都是嘲讽国民党的。不过，尽管"麻烦多"，还是能公开发表，都发在国民党统治下的报刊上。

解放后，热情高涨的讽刺诗人回归抒情。1951 年，一首《毛泽东颂歌》，获得毛泽东的青睐，主席甚至请诗人全家到香山双清别墅度工作周末，还设家宴招待。

袁水拍担任了一段时间的《人民日报》文艺部领导，后来调到中宣部，贯彻执行主流文艺路线自是全心全力，毫不保留。期间，笔耕不辍，出版了不少诗集著译，成为新中国文艺界的风云人物。

但是，这位大诗人袁水拍晚景却颇为凄凉。"四人帮"垮台以后，他从云头跌落地下，旧日好友，几无往还，甚至有断席绝交者。这使人想起另一位大才子乔冠华，也是赶上"四人帮"的末班车，被目为晚节不保的典型。

就说袁水拍的老友徐迟，晚年定居武汉，偶或进京会友，依旧写诗作文，自得其乐。贵为京官的袁水拍，忙于公务，却也不曾忘记这位故交。有一次，徐迟来京，向袁水拍要票看戏，袁水拍就送给他一张。只是位置太差，后场倒数第三排。开幕前几分钟，剧场里进来一拨贵宾，拉家带口，前呼后拥，直奔前排，原来正是袁副部长大人一行，甚至包括司机、保姆。徐迟见状，怒不可遏。士可杀不可辱，遂与袁水拍断交。冯亦代回忆这段公案，感喟道："这张无情的戏票使徐迟伤透了心。徐迟对待朋友一向是豁达大度的，但这次却无法保持他的宽容了。"

袁水拍原本是个单纯、勤谨、执着的人，待朋友也很诚心。但在那特殊环境中，一旦平步青云，也会得意忘形而不自知。可见特权是个什么样的腐蚀剂了。杜甫有句云："亲朋无一字，老病有孤舟。"晚年病中的袁水拍大概还不至于那么凄惨，但门庭冷落与车水马龙的巨大落差，终日盼望有个政治结论却一再落空的失望和焦虑，肯定让他备感凄凉！设想，在那样郁闷的幽居年月，他是多么希望门前有一剪鲤影，窗外有几处雁鸣啊！

## 辞世前的忏悔

我手头的这两封信，就是困病交加的袁水拍，在苍凉无助的境遇下，极度渴望友谊、祈求谅解的写照。

第一封写于 1980 年，他告诉老朋友，"我的问题仍无下文，乏善足陈"，表示了无可奈何的哀怨。又说："承你们为云珍去世写了吊唁信。谢谢！"朱云珍是他相濡以沫的夫人，1979 年先他而去，使他孤寂的晚岁又增加了几许凄惶。信中还提到，丁一岚送给他一本纪念邓拓的小册子，勾起了他对《人民日报》"难忘之回忆"。袁水拍 1949 年进《人民日报》文艺组，高集则在第二年到报社国际组，都是报社的骨干。那时的社长是范长江，总编辑正是邓拓。据岳母说，他们其实很久没联系了，自从他离开人民日报社，就很少见面。后来"文革"飚起，大家自顾不暇，更不会找麻烦。至于他当了大官，春风得意，就更没有来往了。倒是他倒霉之后，两人打听过他的消息，很为他感到惋惜。1979年，从朋友处得知他夫人去世，就写了封吊唁信，但并没有登门慰问。

第二封信，是他逝世前三个多月写的。首先他对高集到医院探望他，非常感动——"甚感"两字，包含了多么复杂的情愫。他回忆了几个月前，到高府谈天吃饭的情景。那次见面，我恰好也在场。那时我才从社科院新闻研究所毕业不久，分配在《人民日报》市场报工作，暂住在民 12 楼岳父家。他来的那天，是 1982 年 2 月 2 日，星期二，天气很冷。也许是吹了风，他喘得厉害，还是让儿子连背带抱，费了好大劲儿才上到三楼的。那天他们交谈甚欢，晚上在家吃了便饭。走后，高集、高汾对他的病体都十分担忧。

不久后，他就来了信。这封信并无他事，就是"忏悔"，向一个曾经提携爱护他的长辈——夏公忏悔。他想起了两件陈年旧事，一件是"文革"前，他在中宣部文艺处任处长，曾在文化部的"整风"运动中对夏公有所不敬。但具体什么内容，在信中没有提，只说"非短信所能备述，总之，有"。第二件事，是 20 世纪 50 年代，夏公的《在上海屋檐下》在北京公演，他"在整个地对它作浅薄的赏析时，也谬加挑剔，十分幼稚"。他自知沉疴不起，无法当面道歉，特委托高汾在"方便的时候"，代他向夏公致意。写信后的第 103 天——1982 年 10 月 29 日，袁水拍溘然长逝，享年 66 岁。

人之将死，其言也善。我相信，袁水拍一定是在深深的自责中度过他最后岁月的。沉重的精神压力，加重了他的病情。在精神和病体的双重折磨下，他也许认真地回顾了自己的一生：其中不乏奋勇的抗争，淋漓的宣泄，美好的憧憬，当然，也有肆意的伤害，病态的疯狂。他突然想起了一个曾经伤害过的人，一个最不应该伤害的人，这就是曾经赏识他、提携他的老领导——夏衍。他迫切希望在他的有生之年得到他的原谅、宽恕。这件事对于他，非常重要、非常重要。

我问了岳母，她是否向夏公转达了这层意思，年过 91 岁、且大病初愈的老人已经记不清楚了。只是说，袁水拍这个人，非常有才华，夏公、乔冠华都很欣赏他。我们也都喜欢他的诗。但"文革"后，老朋友们都不理他了，这个人太可惜了。

# 人生亦学问：启功先生的人情世故

李　强*

## 称呼也是一门学问

先从有关称呼的事情说起。

启先生在世时，大家在启先生的当面，大多是称呼启先生。启先生教了 70 多年书，这"先生"，是学生——先生的意思，不是女士——先生的意思。也有称启老的，透着更加尊敬和一些生分。启先生有时会回以"岂（启）敢"，这是启先生的说话风格，客气，还风趣。

启先生有很多学界和社会兼职，罗列下来篇幅会很大（所谓盖棺论定，可以在此列一个"标准文本"，插图之外的"插文"）。按现在的风气，有称呼人家"张处""王局"的，也有称呼"张总""王董"的。在启先生这儿，很少有人称呼启先生的职务、官衔。有称启老师的，那

---

* 李强，《启功全集》编委会成员。

是弟子，主要是多年来启先生的古典文学弟子。我们觉得自己不配。一些身边亲近的人，背后说起来称他"老头"。

启先生是清宗室，清雍正皇帝第九代后人。所以在清朝说来，启先生的世系是贵族。启先生的曾祖颇有作为，辞去了朝廷封爵，科场登第，入了翰林。启先生的爷爷也随乃父，18 岁中举 20 岁为翰林，从此这一族就变成书香门第。启先生诞生于民国元年，因近代历史及家族的一些原因，启先生的姓氏也是有作为的：辞去了爱新觉罗皇家大姓，自小就是"姓启名功，字元白"。

启姓，百家姓中是真没有。但启先生既然姓启，按照中国人传统的称呼，同辈或晚辈学人称"启元白先生"就没有什么不对了。

也有些公共场合，启先生被称为启功。现在的传媒，无论怎样的大人物，一样是直呼其名。启先生是公众人物，按现在的习惯，好像也没有什么。不过有两件事，可见得启先生是不以为然的。

启先生有很多同辈好友，都是文化大家。有一位先生，习惯于"启功、启功"地当面直呼。中国人的名，是师长叫的；朋友相熟，不愿称兄，直呼其字，才是亲切。启先生的莫可如何，对于有名无字的我们，其感受需要比方一下。比方我有一个好朋友，坐在我车的副驾位置上，把鞋脱掉脚架在仪表板上——亲切有余，可有些令人消受不起。我们习惯上是不当面提意见的，那感受应当相似吧。

启先生晚年眼睛不好。出版社请求他为陈垣老校长全集题签。我们用电脑集了"陈垣全集"四字请启先生过目，先生用笔改画了样子："陈援庵先生全集"，下署"受业启功敬题"。并且，"启功"两字低一格。启先生教我们：虽然出版社有设计、制版的过程，但我却是一定要这样写的。

20 世纪 80 年代，启先生自己设计一种名片，我印象深刻，附在一边好玩。这形式简之又简，是一张名副其实的"名片"。

启先生对人礼数周全，哪怕相处是晚生小辈。我第一次到先生家里，先生起来到门口相迎，令我惶恐。想想先生对客人都是这样，心里依然惶恐。先生送书给我，题字认真，我只好自己藏起来，不敢给别人看。

启先生有件手札："刘墉于人无称谓，上款每书某某属，不得已而有称谓者，又无求正之语。曾见其为果益亭书联，上款题益亭前辈四字；为铁冶亭书册，上款题冶亭尚书鉴五字。故余于刘宦，但呼其名。"刘罗锅官大气势大，说话写字自信过度，有失文雅。这样，别人"但呼其名"，就是一件文雅有趣的事情了。

我服膺启先生，私下称呼老先生启夫子——老"老师"嘛，经纶满腹，风采循循，做事令如我口服心也服，说话能言常人所不能言。"学为人师，行为世范"，实为夫子之道。嘴上说起来，还是称启先生。

## 一位贵族后裔的人情世故

我平时爱说启先生如何如何，当朋友问崇拜启先生什么，一时一句还说不清楚。我自己想一想，想到一个故事。

国门初开，启先生访问港澳。那时候，出境都是公事，国家有专门的"出国制装"，一律是公款灰色西服。启先生和几位随同来到一位香港工商名人府上访问。进门人家就有利市红包，每位一个，首先就给启先生一个红包。夫子笑吟吟双手接下，口中称谢，随同也依样接下。在访问结束时候，夫子来到这家佛龛前（香港人家都有一个佛龛），口称吉祥，将红包献上。随同于是依样拜一拜，奉上红包，心中安详。这是个合情合理的故事，其实是个机智内敛的故事。

我崇拜夫子，觉得用这个故事能说明我对夫子的服膺。我们有为买单打架的文化，也许，正在发展为逃单比聪明的文化。复杂的送礼、受礼等人情世故，怎样做得人人心安，是做人综合水平的测验。当年国内的月工资仅仅几十元人民币，是无法在港澳消费的。香港人送红包，一是有派利是的习惯，二是对大陆客人的体贴。这是人家的人情，却之不恭。夫子上门造访，事涉收钱，却又伤了本意。人人都说启先生为人随和、客气，夫子虽然从无疾言厉色，也从不丧失自己的原则。我总觉得，夫子这样的贵族后裔、文化通人，修养极深。对人谦恭有礼令人崇敬；内心的骄傲更令人佩服。精神的尊严，是从随和与通达中显露的。

其实那时候有人戏称夫子是礼品公司，因为他替学校、替有关机构写了太多作品。海关有规定，没有正式的手续，夫子的作品不得出境。有一次，夫子得意地说起，出海关的时候，关检人员问夫子：您没有随身带自己的字画吧，没有手续也不能通关。夫子变色说道：还真带了。海关人员的笑话说不下去了：这就不好办了。夫子制造的火候到了，于是举起手腕，摇一摇说：在这儿呢，不违反规定吧？这是一个诙谐的故事，淘气一把，大家轻松。

## "贵人"与小人共同成就夫子

20 世纪初，中国有一些外国教会办立的大学。这其实是西学东渐的一个实绩。"以文会友、以友辅仁"的辅仁大学，就是在北京有影响的一所。新中国成立后被师范大学合并，旧址仍在。

启夫子幼年丧父，由爷爷、寡母和未出嫁的姑姑抚养。这样的孩子，本来就懂事孝顺，加上"贵胄天潢之后常出一些聪明绝代人才"（叶恭绰先生评价启夫子语），20 岁的夫子因为"写作俱佳"（陈垣老校长评价夫子语），经傅增湘先生推荐，来到辅仁教书。

来到辅仁，是夫子涉世之初，也是夫子生平最传奇的一段。夫子在这所大学三进两出，最后在这里教书一辈子，也在这里遇到了一生的贵人和小人。所谓小人也只是相对运主，勿解贬义。贵人和小人合作的命运双簧，分别由校长陈垣先生和属下的主管张先生出演。

老校长看启夫子能力，请他教附中国文——张先生看文凭后，遂将其辞退。不过老校长再仔细看，还是觉得启夫子的才学胜任，请他教美术系绘画——张先生仍看美术文凭，辞退。再一个回合。

老校长自己想了又想，没有收过启夫子的钱，真的只是认为这个青年有前途，三请他做自己的助教——这回张先生可能是烦了，不管这爷儿俩了。启夫子于是跟着陈老校长 39 年，教书 73 载，成为后来学界的"国宝"。

陈垣老校长，字援庵，早年曾任民国众议院议员，教育部次长，故宫博物院理事。是史学大家"南（寅恪先生）北（援庵先生）二陈"之"北陈"，长期担任辅仁大学和北师大校长。陈老校长长启夫子 32 岁，对夫子多有教导扶掖，夫子一生以老师、父亲之礼事之。

张先生为湖南人氏，生于 19 世纪末，与当时许多著名革命家同学，参加新民学会，参与"驱张运动"，好生了得。后来张先生出国勤工俭学，皈依天主教，考了好几个博士，回国进行教育救国。

陈老校长和启夫子的师生之谊，是一段教育佳话，在学界十分知名。"天地君亲师"，启夫子独得师字，最有师缘。

张先生新中国成立之前再度出国，从此就离开辅仁。张先生毕竟是影响启夫子命运的人物之一，夫子晚年，感到人生鞭策即将不再，为张先生写过一联。

夫子"聪明绝代"，又长期在老校长鼓励、张先生鞭策的大学环境里，可以想见，这些都是夫子成就博大学问的重要因素。

## 80 年代的明媚春天

20 世纪 80 年代初，我和启夫子先后来到北师大——这就是大话欺世，强于说"我的朋友胡适之"，捆绑大师以自重。也是说了好玩。实际情况是我进门上学，而教了 50 年书的启老师终于在学校有房子住了。不管怎么说，都是好事。现在想来，那可是美好的 80 年代。

学校离二环很近，可依然是城边儿的样子，没有什么汽车，人也比较稀少，马路边上没有牙子，是一米多宽的排水明渠。那时学校显得安静，树木也多。梧桐的大叶子从路两边遮过来，形成一条绿色通道。行走其间，某株树上就吊一个蓝色小牌：什么树种，什么科目，什么拉丁文的学名。有人迎面走来，穿衣比较保守，精神面貌淳朴，目光坚定。如果是两三人，还互相讨论，比如诗歌、西方哲学，甚至真理。

我清楚记得，有一天看到启夫子一个人在路上走，那时我经人指点认得了夫子，还没有说过话。我立定了仔细看他，夫子一人走路的样子，像走又像是玩儿，可以说是"兴致盎然"。那种小孩一样的欢喜，也许就是"登欢喜地"的境界吧。

后来我留校，有机会替夫子法书拍照，留做资料，听夫子说话，看夫子写字，和夫子渐有交道。再后来，缘分殊胜，替夫子编书，而且住到了夫子楼后。无事路过浮光掠影楼，想到夫子大德只在咫尺，我也心生欢喜。有一天带着相机，拍了一张绿荫中的浮光掠影楼。

说回 20 世纪 80 年代，那是启夫子一生迟来的春天。夫子给学生做书法讲座，现场示范，写很多张字。学校小餐厅，挂六张夫子写的条幅。我还在上学，学校庆祝 80 年校庆，我们美术兴趣组参加展览布置。我们把夫子写的"校庆展览"大字，反过来直接涂上糨糊，贴在窗户上。有人说，启夫子的书法写满了北师大校园。借用这样的夸张说法，也可以说，师大校园人人都有启夫子赠送的法书。那时的人没有商品意识，大家喜欢先生的字，就求夫子动笔，当时只道是平常。我有一个朋友，负责学校电话维修，也喜欢夫子的字。发挥从我做起的精神，这哥们儿拧松夫子的电话线，过会儿背着工具上门检修电话。夫子果然发现了电话的故障，看哥们儿忙上忙下之间，送了一件自己的作品。于是电话修好，哥们儿卷了夫子的法书回家。

启夫子平生经历几个特色鲜明的时代，20 世纪 80 年代后是光明珍贵的一段时光。夫子身怀绝学凡 40 年，"人不知而不愠"，终于可以用自己的学问做些事情，以慰平生。夫子在一首自况的诗中说："昔日艰难今一遇，老怀开得莫嫌迟。"

# 暮年徐迟的喜悦与哀伤

## ——读徐迟的两封短笺

———

张宝林

　　徐迟（1914—1996），浙江南浔人，原名商寿，中国现代文学史上最富才情的作家之一。年轻时，他在燕京大学借读，20 世纪 30 年代开始和施蛰存、戴望舒等人交往，并在《现代》等杂志发表作品。他的诗追求意象的蕴蓄、节奏的跳跃，散文则明显受海明威影响，风格俊朗，描摹细腻。他在《自传》中坦承："那时我是一个现代派，从文章风格上来说，受有欧美现代派的影响。"后来，他南下读东南大学。东南大学是教会大学，他也很时髦，西装革履，洋气逼人。

　　毕业后，他回家乡教中学，业余继续写作，文体除诗歌外，还涉及散文、小说以及包括音乐评论在内的文艺理论。抗战时期，在陪都重庆开始大量翻译外国作家的诗歌、小说、传记等，还担任过郭沫若主编的《中原》杂志编辑。

　　解放后，徐迟努力融入新时代，创作热情高涨。20 世纪 50 年代的前七年，他两赴朝鲜，四下鞍钢，六次到长江大桥工地，出版诗集、

"特写"文论多部。他还担任过《诗刊》副主编。1960年定居武汉，兴趣转向非虚构文学创作，写了不少纪实文学作品。

高汾认识徐迟，是在抗战时期的重庆。他们是相识已久的老朋友，但解放后联系并不多，开始各自都忙，后来，政治运动频仍，徐迟又去了湖北文联，再加上十年动乱，不通音问许多年。

粉碎"四人帮"以后，徐迟异峰突起，他先是在《人民文学》发表了《哥德巴赫猜想》，这篇以陈景润为主人公的报告文学引起了极大轰动，一时满城争说，洛阳纸贵。接着，《地质之光》《生命之树长绿》《祁连山下》……接连问世。这些作品熔诗的简约华美、政论的庄严雄辩、散文的灵动、科学的严谨于一炉，布局博大，气势雄浑，下笔若千军横扫，感情如大河奔流，在报告文学领域独树一帜。

他那时常来北京，有时为了创作，一住数月。每次来京，朋友必有餐聚，高集、高汾经常参加。高汾曾写文章回忆，数十年的风刀霜剑，并未磨灭他的诗人气质，特别当涉及最感兴趣的文学、诗歌、音乐，他谈笑风生，一如往昔。

但是，1985年1月发妻陈松因癌症去世，让徐迟饱尝了人生最沉重的打击。

陈松是徐迟在家乡任教时的学生，美丽聪慧，纯洁善良，16岁与徐迟订婚，17岁就嫁给了他，此后二人相濡以沫近50年。一旦天人永隔，生死两茫茫，何处话凄凉？徐迟沉浸在悲痛和寂寞中。从1986年出版一本《愉快和不愉快的散文集》之后，一直到1991年，他没有出版新书。1989年，他开始学习电脑，并用这种新型的写作工具，创作自传体小说《江南小镇》。为了练习和提高打字速度，他还把自己的其他作品，一个字一个字地敲入电脑，存进硬盘储存起来。

电脑给他带来极大的喜悦。他说，他喜欢键盘的敲击声，就像喜欢听小女弹琴一样。

1991 年 8 月 8 日，高汾收到徐迟的一封信，信上说：

北京见面甚欢，可惜又要回家来赶《小镇》的第三分册，现差不多完了，即进入最后第四分册，大团圆收场。15 万字一分册，总共 60 万字，已成 50 万字，尚有 10 万字，拼老命了，是相当累的了。

信里提到他用电脑写作的事：

电脑电脑，问题不少。我那台机子，也是老掉牙的过时货，要换新的了，可惜人穷气拙，不知何年可以更新。

那时候，电脑还算是高档消费品，徐迟想换一台新的，还得掂量掂量钱包。有一次，徐迟来京，时任《新民晚报》记者的高汾去采访他。他劝高汾："你也学学电脑吧，这可真是个好东西。"接着就滔滔不绝讲起用电脑的好处来。

徐迟从来就是一个新事物的热烈追求者，而且掌握任何新事物，对他似乎都轻而易举。20 世纪 40 年代，诗歌朗诵还不盛行，他认为，朗诵是理解诗歌的最好途径，就写了一本《诗歌朗诵手册》。他精通英文，但不懂拉丁文、希腊文，又发愤钻研，很快掌握了几种文字。1989 年，年轻人用电脑的也不多见，他又开始"吃螃蟹"了。

下面内容，摘自高汾的那次采访记录——

（徐迟说）这东西可以反复修改，随写随改，版面清清爽爽，看着就适意。

几十万字的东西，可以装在一个小小的软盘里，多有趣！

他眉飞色舞，口若悬河，仿佛是哪家电脑的推销商：

《小镇》50万字，全是我打的。其他作品150万字，也做了数据库，储存在硬盘里。全部作品估计有300万字，900多篇，不用一张纸！

电脑是开启人生智慧的钥匙；

电脑是聪明的教师，它训练你的逻辑思维；

你不尊重它，对不起，它也不执行你的指令。

徐迟分明是沉浸在人脑、电脑并用的极大喜悦中。也许，老年丧偶，感情必须要有所寄托，他在用一种新的探求，稀释心中的孤寂和愁闷。那段时间，他还在研究粒子学，想写这方面的科普文章。

1992年夏天，传来一个消息：徐迟再婚了。新人是四川大学的一位副教授，年纪50多岁。想必事后他亲自通知了朋友。高集、高汾写信向他表示祝贺。

年底，高集、高汾收到回信。信是这样写的：

高集、汾：

接受了你们的"新婚幸福"的祝贺，十分感激。遵嘱寄上照片一张。

来深圳已逾半月，因转信迟复。这里的红杜鹃开得烂漫之至。其中想必有你们送我的一束鲜花。信到时，也收到了你们的珍贵的心意。

冬天将在深圳过，大约住到三月底，即直飞成都。到四川大学的近邻的望江公园的竹林中去过一阵子，译荷马史诗的《依利阿德》的诗译本。

去北京的机会总是有的，到京就会给你们打电话，再图良晤。

祝好！

徐迟<br>＊＊

信没有写日期，从信封的邮戳看，深圳寄出日期为 1992 年 12 月 11 日 11 时。信中的 ＊＊，当然是他新婚妻子的名字。

夏天结婚，冬天复贺婚信，时间未免太长了一些。信中已说了原因"因转信迟复"，也许还有另外的原因，比如他并没有及时告知友人。

据知情人透露，他和后来的新夫人 1989 年 3 月就认识了，是在珠海的一个笔会上。此后，这位副教授紧追不舍，中间也经历了一些波折，终于功德圆满。从复信看，初婚的徐迟心情还是不错的。比如，他看到深圳住所旁边盛开的红杜鹃，马上联想到里面有老朋友送的一束，一派浪漫的诗人气质。他说，要在深圳过冬，然后去成都四川大学旁边的竹林住些日子，翻译荷马史诗，这地点显然是新夫人的安排。古希腊的荷马史诗《依利阿德》，又译《伊利亚特》，在世界文化史上具有很高的地位，这部 1 万多行、30 多万字的史诗，还没有中文全译本。徐迟对这部史诗情有独钟，1943 年 7 月，他就出过一本《依利阿德选译》（重庆美学出版社）。出全译本是徐迟的一个夙愿。

信中附的照片，是两人在东湖的"梨园"门口拍摄的。徐迟身穿一件黑色长大衣，领口围着一条围巾。花白的头发，清癯的面容，不知何故，表情应该很放松，却显得有点严肃。新夫人风韵犹存，上身是黑红相间的毛料短外套，下身是粉色的裤子。她紧紧靠着右侧的丈夫，头略略倾向徐迟，笑得很含蓄、很得体。照片下方有照相机内设的日期"92113"。背面是徐迟的字："新年快乐！"后面是两人的名字以及日期"1992.12.10"。

这段"黄昏恋"只维持了很短一段时间。

其实，文艺界不少朋友对此早有隐忧。坊间有些传言，对那位新夫人很不恭敬。人们的担心不是没有道理的。1994 年 1 月，两人协议离婚。从徐迟给高汾写信，到他们两人分手，时间不过一年零一个月。

失败的再婚，自然不能全怪某一方。人人都有重温鸳梦的权利，哪怕是"黄昏恋"。人们只能说，这是性格不合造成的。但无论如何，这个短暂的结合，给一个一辈子追求完美的八旬老人，留下的是一片阴云。

徐迟的一位朋友写文章，披露徐迟亲自对他说的一句话："我一生犯了两个错误，一个小的错误是这件事（指黄昏恋），不用提了。"

离婚后的徐迟，似乎对文学创作重燃激情。

1995 年，徐迟开始写作《江南小镇》续集。7 月，上海书店出版了他的报告文学集《来自高能粒子的信息》。其实，文学，才是他真正的挚爱。

令人更加错愕的事情发生在一年后。

那是一个漆黑的冬夜，重病中的徐迟选择了跃出窗口，飞向浩瀚的天空。这个消息，瞬间传遍大江南北。人们在惊诧之余，纷纷探究徐迟以这样惨烈的方式弃世的原因。一时间，老境孤独说、病痛折磨说、电脑痴迷说、老年躁动说不绝于耳。也有人揣测，是这次失败的婚姻逼老人走上了绝路。但这一切，恐怕都是以心度腹之论。

这个难解之谜，唯有"心有灵犀一点通"的诗家才能破解。

2009 年暮春，上海远东出版社出版了邓伟志主编的《永远的徐迟》，这是文艺界的朋友冯亦代、黄宗英为纪念这位大才子编纂的一本纪念文集。在书的首发式上，诗人白桦即兴赋诗并当场朗诵，里面有这样的句子：

既然我们都有一双翅膀，

为什么要装作枯叶蝶，自我封闭？

为什么不展开五彩的翅膀，

自由地飞翔，吻遍大地；

即使被伤害，怕什么？

飞翔的种族一定会生生不息。

……

我立即想到了诗人李白，

他为了捉月纵身跃入水底；

拥抱着满怀月光进入了永恒。

是痴？是梦？是醉？是谜？

也许，人们很难理解，

把壮举当作绝望而为之扼腕叹息。

李白和徐迟异口同声地说：

这才是，

实实在在的、本真的、我自己。

 

    白桦的意思是，李白就是徐迟，徐迟就是李白。这恐怕是最接近真相的答案。